"十四五"职业教育国家规划教材

"十三五"职业教育国家规划教材

高等职业教育教学改革特色教材·经济贸易类

HAISHANGFA

海商法 （第六版）

屈广清 主编

东北财经大学出版社
Dongbei University of Finance & Economics Press

大连

U0648638

图书在版编目（CIP）数据

海商法 / 屈广清主编 . —6版 . —大连：东北财经大学出版社，2024.3
（高等职业教育教学改革特色教材·经济贸易类）
ISBN 978-7-5654-5156-0

Ⅰ. 海…　Ⅱ. 屈…　Ⅲ. 海商法–高等职业教育–教材　Ⅳ. D996.19

中国国家版本馆CIP数据核字（2024）第046086号

东北财经大学出版社出版

（大连市黑石礁尖山街217号　邮政编码　116025）

网　　址 : http://www.dufep.cn

读者信箱 : dufep@dufe.edu.cn

大连市东晟印刷有限公司印刷　东北财经大学出版社发行

幅面尺寸：185mm×260mm　　字数：198千字　　印张：11

2024年3月第6版　　　　　　2024年3月第1次印刷

责任编辑：张晓鹏　　　　　　　　责任校对：一　心

封面设计：原　皓　　　　　　　　版式设计：原　皓

定价：42.00元

教学支持　售后服务　联系电话：（0411）84710309

版权所有　侵权必究　举报电话：（0411）84710523

如有印装质量问题，请联系营销部：（0411）84710711

第六版前言

《海商法》一书自初版问世以来，深受广大师生的喜爱，得以多次修订再版及重印。本书 2014 年 7 月入选首批"十二五"职业教育国家规划教材，2020 年 12 月入选"十三五"职业教育国家规划教材，2023 年 5 月入选"十四五"职业教育国家规划教材，是入选"十二五""十三五""十四五"职业教育国家规划教材中唯一的一本"海商法"教材。多年来编者在保持本书体例基本不变的前提下，对内容不断进行补充、完善，以使理论研究与实际应用更加符合时代的发展要求，满足广大师生构建新知识结构与拓展应用能力的实际需要。

本次教材的修订完善，严格按照教育部贯彻落实党的"二十大"精神进教材、进课堂、进头脑的要求，在内容上充分体现了党的"二十大"精神，使同学们能够在学习过程中，将海商法的专业知识与党的"二十大"精神融会贯通，以便更好地理解与运用我国海商法的具体内容，更好地维护中国国家、集体及公民个人的海商海事利益。

本次修订特别突出了对最新立法及司法解释规定的补充、完善，如补充了2023 年 6 月 28 日第十四届全国人民代表大会常务委员会第三次会议通过的《中华人民共和国对外关系法》；自 2022 年 3 月 1 日起施行的《最高人民法院关于适用〈中华人民共和国民法典〉总则编若干问题的解释》；自 2021 年 1 月 1 日起施行的《中华人民共和国民法典》；自 2020 年 10 月 1 日起生效的《伦敦国际仲裁院仲裁规则》；2020 年 4 月 29 日第十三届全国人大常委会第十七次会议通过的《全国人民代表大会常务委员会关于授权国务院在中国（海南）自由贸易试验区暂时调整适用有关法律规定的决定》；自 2020 年 1 月 1 日起施行的《中国海事仲裁委员会网上仲裁规则》；自 2019 年 10 月 1 日起实施的《中华人民共和国船员培训和船员管理质量管理规则》；2019 年 3 月 2 日发布实施的《中华人民共和国船员条例》；自 2018 年 10 月 1 日起施行的《中国海事仲裁委员会仲裁规则》；自 2018 年 1 月 1 日起施行的新修订的《中华人民共和国仲裁法》；自 2017 年 7 月 1 日起施行的新修订的《中华人民共和国民事诉讼法》；自2016年8月2日起施行的《最高人民法院关于审理发生在我国管辖海域相关案件若干问题的规定（一）》《最高人民法院关于审理发生在我国管辖海域相关案件若干问题的规定（二）》；自2016年8月1日起生效的新修订的《新加坡国际仲裁中心仲裁规则》；自2016年5月1日起施行的《中华人民共和国内河船舶船员适任考试和发证规则》；自2016年3月1日起施行的《最高人民法院关于海事诉讼管辖问题的规定》《最高人民法院关于海事法院受理案件范围的规定》；2016年修订的《约克-安特卫普规则》；2014年11月4日修订通过、自2015年1月1日起施行的《中国国际经济贸易仲裁委员会仲裁规则》等。同时，对废止的一些规定，如2016年5月废止的《国内水路货物运输规则》等，做出了特别说明，对废止后法律适用方面的问题也进行了提示。

经过编者多次修改，与第五版相比，本书第六版从体例到内容都更加完善，语言更加精炼，实用性更强，特色更加鲜明。同时，为了贯彻《高等学校课程思政建设指导纲要》的精神，本书的每一章都有"素养目标"，寓价值观引导于知识阐述中，以发挥教材的育人作用，提高人才培养质量。此外，书中的自绘插图有助于读者更好地理解知识难点。同时，本书配有电子课件，任课教师可登录东北财经大学出版社网站（www.dufep.cn）下载。

受编者时间和水平等因素的限制，书中难免存在疏漏之处，欢迎读者朋友批评指正。

编　者

2023年11月

目 录

第1章

海商法概述

知识目标：了解海商法的概念和性质；了解海商法的法律关系的主体、客体、内容；理解海商法在解决海事法律问题中的作用和现实意义。

技能目标：能够根据海商法律知识和海事运行的技术规则，掌握海商法的适用范围，合乎规范地进行与海商法职业领域相关的法律应用与操作。

能力目标：能够根据海商法主体的不同情况，灵活运用海商法基本知识，正确分析与解决相关海事法律纠纷中的实际问题。

素养目标：能够全面理解与掌握海商法理论、制度及规则的价值和意义，坚持中国海商法律文化与法律制度的充分自信，自觉维护社会主义法治原则，以实际行动弘扬社会主义核心价值观。

引例　　　　　　我国海商法强制性规定的适用

美国公民甲将货物交 Farida 号轮船运输，Farida 号轮船的船主是爱沙尼亚公民乙。乙与美国航运管理局签订了租船合同，美国航运管理局作为承运人来运输甲的货物。船舶到达目的港时，收货人只收到两件货物中的一件，另一件已经在运输途中灭失。甲准备起诉索赔。

资料来源　冯辉．美国海商法案例选评［M］．北京：对外经济贸易大学出版社，2003：12.

分析：该案与一般案件相比，涉及了船舶运输，因此在适用的法律及具体处理方面有些不同，属于海商法调整的范围。

1.1 海商法的概念

1.1.1 海商法的定义

海商法是起源较早的法律部门，其形成与发展经历了几个不同的重要历史时期（如图1-1所示）。

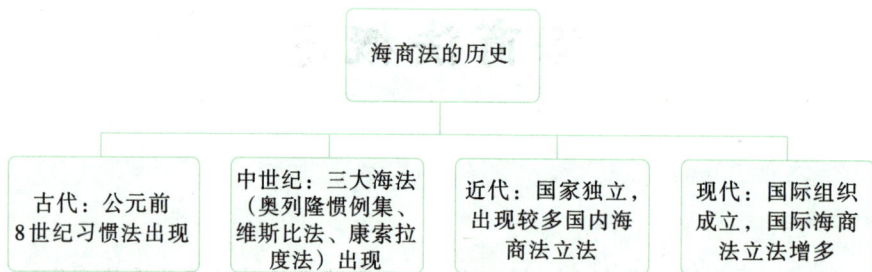

```
                    海商法的历史
        ┌──────────┬──────────┬──────────┐
   古代：公元前   中世纪：三大海法   近代：国家独立，   现代：国际组织
   8世纪习惯法出现  （奥列隆惯例集、   出现较多国内海   成立，国际海商
                维斯比法、康索拉   商法立法        法立法增多
                度法）出现
```

图1-1 海商法的历史发展概况

目前，国际上还没有统一的海商法的定义，各国法律上的规定以及各国学者之间的观点也不一致。[①]我国海商法的定义是以《中华人民共和国海商法》（以下简称《海商法》）中的界定为标准的。《海商法》第一条规定："为了调整海上运输关系、船舶关系，维护当事人各方的合法权益，促进海上运输和经济贸易的发展，制定本法。"

值得注意的是：海商法可以分为实质意义上的海商法和形式意义上的海商法，并各自调整相应的内容（如图1-2所示）。

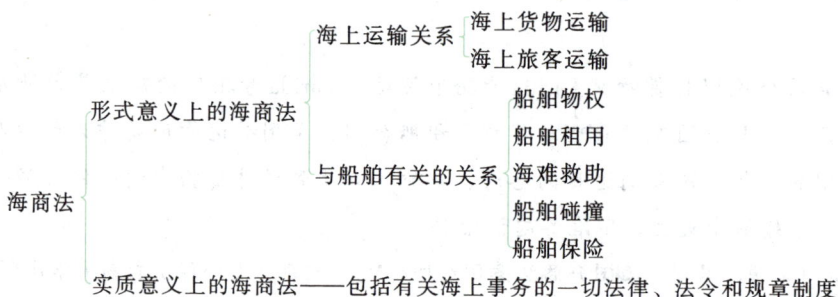

```
                          ┌ 海上运输关系 ┌ 海上货物运输
                          │            └ 海上旅客运输
          形式意义上的海商法 ┤            ┌ 船舶物权
                          │            │ 船舶租用
   海商法 ┤               └ 与船舶有关的关系┤ 海难救助
          │                            │ 船舶碰撞
          │                            └ 船舶保险
          └ 实质意义上的海商法——包括有关海上事务的一切法律、法令和规章制度
```

图1-2 海商法调整的内容

实质意义上的海商法，指调整海上关系的法律的总称；形式意义上的海商法，指

---

① 海商法的历史比较悠久。一般认为在公元前9世纪就出现了古代第一部海商法，即调整地中海沿岸海上商业活动的海事习惯法《罗德海法》（该法典没有保存下来，只是散见于罗马法学家的一些著作中）。1080年宋朝颁布了中国最早的《元丰市舶条》（也有观点认为《元丰市舶条》是世界最早的成文海法，早于欧洲2世纪习惯法整理汇编《奥列龙法典》）。但是关于海商法的名称，各国至今也没有统一认识，主要有海商法、海事法两个名称。还有一些学者不区分海商法、海事法，混同使用。事实上，关于海商法、海事法关系的争论一直没有得到很好的解决。本书根据国内多数人的主张，采用了海商法这一名称。

按海商法命名的法典或法律。我国海商法也有形式意义上和实质意义上之分。形式意义上的海商法是指1992年11月7日第七届全国人民代表大会常务委员会第十八次会议上通过的《海商法》。实质意义上的海商法既包括《海商法》，又包括有关海上事务的一切法律、法令和规章制度，如船舶修建、丈量、检验、管理、救生、信号和沿海港口管理、港务规章制度、船舶登记、水污染、引水等有关法律、法规和国际公约。①

根据《海商法》第一条规定的内容，结合我国的实际情况，海商法的定义应该是：海商法是调整船舶关系和海上运输关系的法律规范的总称。

根据上述海商法的定义，我们可知，海商法的调整对象为两大法律关系：与船舶有关的关系和海上运输关系。

与船舶有关的关系是指船舶所有人、经营人、出租人和承租人之间，船舶抵押权人和抵押人之间，海上侵权行为所涉及的当事人之间以船舶作为对象形成的物权和侵权法律关系。

海上运输关系主要指承运人、实际承运人和托运人、收货人或者旅客之间，船舶出租人和承租人之间有关船舶运输的法律关系。这类关系具体体现为各种合同（如班轮运输合同、旅客运输合同、航次租船合同、定期租船合同等）关系。

1.1.2 海商法的性质

关于海商法的性质，目前主要有以下几种观点：海商法是商法的组成部分；海商法是民法的特别法；海商法是海法的一个部门法；海商法是经济法的组成部分；海商法是国际法的组成部分；海商法是一部独立的法律。

我国多数学者认为海商法属于民法的特别法。因此，海商法属于民法范畴，具有民事法律的特征。与此同时，海商法与民法又有许多不同的地方：

其一，海商法的特点是具有较强的涉外性和专业技术性，这些与民法有所不同（见表1-1）。

表1-1 海商法的特点

比较点	海商法	民法
涉外性	如我国海商法中的海上货物运输合同，其承运人的责任只适用于国际海上货物运输	我国民法一般只适用于国内民事案件
专业技术性	如我国海商法涉及船舶操作、船舶结构、安全条件、船员发证、气象报告、配载等航海技术和航运业务规范	无专门的专业技术性规定

其二，针对海上运输风险大、海船和所运货物价值高等情况，海商法方面有一些特别的制度。例如，《海商法》中的承运人赔偿责任制度是不完全的过错推定制

---

① 屈广清. 海商法学 [M]. 北京：中国民主法制出版社，2005.

度，而 2020 年 5 月 28 日第十三届全国人民代表大会第三次会议通过的《中华人民共和国民法典》（以下简称《民法典》）规定的是过错责任和无过错责任制度；《海商法》中的赔偿责任有法定的责任限额，而《民法典》规定按实际损失赔偿，无法定的责任限额；《海商法》规定海船是动产，所有权按照不动产对待等。

其三，海商法制定的许多规定与国际公约趋于一致。我国有时还可以直接规定公约的适用范围，如中华人民共和国交通运输部国际合作司发布的 2009 年第 1 号公告：经国务院批准，我国于 2008 年 12 月 9 日向国际海事组织递交了有关加入《2001 年国际燃油污染损害民事责任公约》（以下简称《公约》）的加入书，同时声明如下：①本公约第 7 条不适用于中华人民共和国内河航行船舶。②根据《中华人民共和国香港特别行政区基本法》和《中华人民共和国澳门特别行政区基本法》，中华人民共和国政府决定，本公约适用于中华人民共和国澳门特别行政区；在另行通知前，本公约不适用于中华人民共和国香港特别行政区。《公约》于 2009 年 3 月 9 日对我国生效，同时适用于澳门特别行政区，暂不适用于香港特别行政区。现将公约中文本予以公告，请遵照执行。

海商法一方面具有民事法律的特征，调整平等主体之间的财产、经济关系；另一方面，它又是民法的特别法。根据特别法优于一般法的法律原则，在法律适用方面，如果海商法与民法有不同的规定，适用海商法的规定；如果海商法没有规定，适用民法的规定。[①]《民法典》第十一条也规定："其他法律对民事关系有特别规定的，依照其规定。"例如，在不同规定方面，《海商法》规定有责任限额，而《民法典》规定按实际损失赔偿，在处理海商法案件时，就应该按照《海商法》的规定执行。在海商法没有规定的方面，如《海商法》第八章对船舶碰撞做了专门规定，但是对船舶与码头设施相撞等情况则没有规定，有关该类案件的损害赔偿问题适用于《民法典》的规定。

小资料 1-1

海商法和民法有许多相同的地方，在司法实践中，法院处理海事案件不仅适用海商法，而且大量适用民法。表 1-2 是海商法与民法的比较。

表 1-2　　　　　　　　　　海商法与民法的比较

比较点	海商法	民法
调整对象	民事、行政法律关系	民事法律关系
性质	特别法	一般法
渊源	国内法渊源和国际法渊源	国内法渊源
适用要求	优先适用	不优先适用

---

① 屈广清. 海商法学［M］. 北京：中国民主法制出版社，2005.

1.2　海商法律关系

1.2.1　海商法律关系概述

海商法律关系是由海商法律规范确认和调整的，具有海商权利和海商义务的社会关系。

1.2.2　海商法律关系的要素

海商法律关系的要素主要有主体、内容和客体（如图1-3所示）。

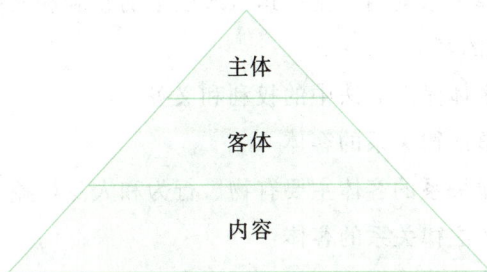

図1-3　海商法律关系的构成

1）海商法律关系的主体

（1）海商法中民事法律关系的主体

海商法中民事法律关系的主体指海商法中民事法律关系的参与人。在英美法系海事诉讼和保全措施的诉讼法律关系中，还将船舶作为民事法律关系的主体。一般而言，海商法中民事法律关系的主体主要有自然人、法人、国家和国际航运组织。

在海商法发展的初期，海商法律关系的主体几乎都是自然人。现在自然人仍然是海商法律关系的重要主体。

法人是海商法中民事法律关系的又一重要主体。法人包括企业法人、事业法人和机关法人。企业法人通常指各种形式的企业，如航运、货运、船务和保险公司等。事业法人的划分标准不尽一致，一般将船检、商检机构划为事业法人。机关法人指港口当局、港务监督、海关、边防和检验检疫等国家行政机关[①]。

国家作为海商法的主体，是指以国家名义参与海事活动的国家代表机构和政府机关。国家是海商法的特殊主体，享有豁免权。

国际航运组织是根据条约或协议而成立的常设机构，是比较特殊的海商法主体，享有一定的豁免权。

---

① 司玉琢. 海商法［M］. 北京：法律出版社，2003.

（2）海商法中行政法律关系的主体

行政法律关系的主体指在行政法律关系中依法享有权利和承担义务的参加者。根据我国有关法律的规定，海商法中行政法律关系的主体有：①国家航运机关；②海运企事业单位；③自然人。

2）海商法律关系的内容

（1）海商法中法律关系的内容

海商法中法律关系的内容，与民法中民事法律关系的内容一样，指权利和义务。

（2）海商法中行政法律关系的内容

海商法中行政法律关系的内容指海运行政法上的权利和义务。

3）海商法律关系的客体

海商法律关系的客体是海商法中的权利和义务。

（1）海商法中民事法律关系的客体

海商法中民事法律关系的客体主要有物、行为和人身权益。

（2）海商法中行政法律关系的客体

海商法中行政法律关系的客体是指海运行政法律关系主体间权利和义务所指向的对象。海商法中行政法律关系的客体主要表现为"行为"，即海运行政法律关系主体的活动。[①]

1.3　海商法的渊源

海商法的渊源是指不同立法机关依法制定的具有不同效力的有关海商的规范性文件。它们因制定的国家机关的不同而具有不同的效力。

在我国，海商法的渊源主要有国内立法、司法解释、国际条约、国际惯例等。当然，大陆法系和英美法系法的渊源是不尽相同的。

1.3.1　国内立法、司法解释

海商方面的法律、法规、条例、规定、办法、决议和指示等是海商法的渊源。在我国，全国人民代表大会及其常务委员会颁布的规范性文件为法律，如《海商法》《民法典》等。这些法律都可以处理海商海事案件，如《中华人民共和国涉外民事关系法律适用法》规定，其他法律对涉外民事关系的法律适用没有特别规定的，适用本法律。

---

① 屈广清. 海商法学［M］. 北京：中国民主法制出版社，2005.

地位次于法律的海商法规，包括法规、条例、规定、办法、决议和指示等。

与此同时，我国还有大量的司法解释存在，同样对司法实践意义重大，成为海商法的渊源。例如，1995年8月18日发布的《最高人民法院关于审理船舶碰撞和触碰①案件财产损害赔偿的规定》、自2015年3月1日起施行的《最高人民法院关于扣押与拍卖船舶适用法律若干问题的规定》等。

1.3.2　国际条约

国际条约指主权国家之间在平等互利的基础上达成的协议。

一般来说，一国正式参加的有关海商法方面的条约是该国海商法的渊源。但在适用上有"一元论"和"二元论"两种做法。

我国既不采用"一元论"也不采用"二元论"，而是遵循"在解决具有涉外因素的民事纠纷时，参加的条约和国内法有不同规定的，条约优先适用"的原则。②《海商法》第二百六十八条第一款规定：中华人民共和国缔结或者参加的国际条约同本法有不同规定的，适用国际条约的规定；但是，中华人民共和国声明保留的条款除外。

因此，在处理具有涉外因素的海商纠纷时，我国参加的海商条约也是我国海商法的渊源。

1.3.3　国际惯例

国际惯例是指在国际交往中形成的、为世人所共知的行为规则。《海商法》第二百六十八条第二款规定：中华人民共和国法律和中华人民共和国缔结或者参加的国际条约没有规定的，可以适用国际惯例。

海商法中的国际惯例主要是国际航运惯例。国际航运惯例可分为强制性惯例和任意性惯例。强制性惯例如国家财产可以豁免等，任意性惯例如《约克-安特卫普规则》。

国际航运惯例是我国海商法的渊源，但适用的前提是不得违背我国的社会公共利益，如《海商法》第二百七十六条规定，依照本章规定适用外国法律或者国际惯例，不得违背中华人民共和国的社会公共利益。

1.3.4　海商司法判例

一般认为，判例只是司法文书，不具有立法的作用。但是，在普通法系国家，根据"遵循先例"的原则，上级法院的判例对下级法院具有约束力，具有法律效

---

① 船舶触碰，是指船舶与水上或者水下的固定设施或者障碍物（包括沉船）发生接触并造成损害的海上事故。船舶触碰与船舶碰撞极为相似，但是，又存在诸多区别。例如，其加害船舶的范围大于船舶碰撞，其触碰对象为无动力且静止的设施或者障碍物。与很多国家一样，我国司法实践将船舶触碰作为独立的海上侵权行为予以处理。

② 司玉琢. 海商法［M］. 北京：法律出版社，2003.

力。实际上，海商司法判例已经成为海商法的渊源。

1.3.5　海商法学说及法理

在国外，有人认为学说及法理也是法的渊源，但多数国家不这么认为。

通过以上分析，我们可以基本了解海商法的渊源。值得注意的是，我国海商法与其他国家海商法在渊源方面并不是完全一致的（见表1-3）。

表1-3　　　　　　　　　　　　　海商法的渊源比较

渊源	中国	外国
国内立法、司法解释	是	一般是
国际条约	是	一般是
国际惯例	是	一般是
判例	否	是（一些英美法系国家）
学说及法理	否	是（一些英美法系国家）

1.4　我国海商法的适用范围

1.4.1　我国海商法的发展概况

我国是一个文明古国，在河海开发与利用上有许多成功的经验，也制定过一些海商方面的法律、政策、海商惯例，如乾隆年间制定的海商公银救助政策，[①]就是海商法海难救助的雏形。但许多规定因年代久远且疏于整理，已经难以查考。

清朝末年，西方列强的坚船利炮轰开了中国国门。清政府迫于压力，被迫修订法律。清末修律是中国近代海商立法的开端。1909年制定的《大清商律》中就包括263条的《海船法》。1929年，南京国民政府在清末《海船法》的基础上，制定并颁布了我国近代第一部《海商法》，并于次年颁布了配套的《海商适用法》（如图1-4所示）。

年代久远的海商立法已难以查考 → 1909年《大清商律》中的《海船法》 → 1929年南京国民政府的《海商法》 → 1930年南京国民政府的《海商适用法》

图1-4　中华人民共和国成立前的海商立法

---

① 林雨欣. 现代视野中的闽南地区传统法律文化［J］. 学术评论，2012（4-5）：134.

中华人民共和国成立后，废除了旧法，制定了一系列海商法律、法规。同时，我国台湾地区继续适用1929年南京国民政府制定的《海商法》，并于1958年和1999年进行了两次大的修订。我国香港地区主要受英国法的影响，制定了诸多与英国法相差无几的海商法律，并参加了许多条约。我国澳门地区继受了葡萄牙的法律，采用大陆法系的传统做法，在民法典中规定了海商法的内容。

从上述历史发展可以看出，我国的海商法主要是在学习外来法律的基础上建立起来的，目前形成了在海商法领域四个法域[①]并存、法律传统各不相同的局面。

我国大陆现行海商立法的核心是1992年制定、自1993年7月1日起正式实施的《海商法》。它是一部法典性质的法律，共15章278条，内容涵盖了海商法几乎所有重要领域。[②]

《海商法》与我国其他法律相比较，是一部颇具特色的法律，大致包括以下特点：

1）吸收国外的先进规定与中国国情相结合

在商事交往中，无规乱世界，良法安天下。海商的世界里不能没有法律，在长期的海商实践中，国际上逐渐形成了较为完备的海商立法，各国也均制定了自己的海商立法，以调整海商交往的各种关系。我国《海商法》制定时就特别注意吸收国外同类立法的经验，以通行的条约和国际惯例为立法基础，参照、借鉴和吸收了具有广泛影响力的某些外国法和行业惯用的标准合同的规定（见表1-4）。

表1-4 　　　　　　　　　《海商法》吸收国外立法的情况

《海商法》的内容	参照、借鉴和吸收国外立法的情况	借鉴方式
"海上旅客运输合同"章	《1974年海上旅客及其行李运输雅典公约》	吸收较多
"船舶碰撞"章、"海事赔偿责任限制"部分	《1910年统一船舶碰撞某些法律规定的国际公约》	吸收较多
"海难救助"章	《1989年国际救助公约》	吸收较多
"海事赔偿责任限制"部分	《1976年海事赔偿责任限制公约》	吸收较多
"船舶"章"船舶抵押权""船舶优先权"两节	《1967年统一船舶优先权和抵押权某些规定的国际公约》	吸收较多
"海上货物运输合同"章	《海牙规则》、《海牙-维斯比规则》和《汉堡规则》	吸收较多
"共同海损"章	1974年《约克-安特卫普规则》	完全吸收
"海上保险合同"章	1906年《英国海上保险法》	吸收较多

---

① 法域是指在一个主权国家内，适用独特法律制度的地域范围，我国大陆、香港特别行政区、澳门特别行政区、台湾地区各自适用不同的法律制度，因此被称为四个法域。
② 屈广清. 海商法学［M］. 北京：中国民主法制出版社，2005.

与此同时，《海商法》中还有一些规定考虑了我国的实际情况，做出了与条约或国际惯例等不同的规定。我国习惯上将水路运输分为国际海运、沿海运输和内河运输，并针对不同的运输做了不同的规定。

在海上货物运输方面，国际海上货物运输实行不完全过错推定责任制；沿海货物运输实行完全过错推定责任制。在国际海上货物运输中，承运人适用单位责任限制；在沿海货物运输中，承运人对货物的实际损失则必须全额赔偿。正因为有诸多不同，《海商法》规定第四章"海上货物运输合同"不适用于中国港口之间的海上货物运输。沿海运输和内河运输主要适用《水路货物运输合同实施细则》和《水路货物运输规则》等。应当注意的是，《海商法》的其他章节既适用于国际海上货物运输，也适用于沿海运输。[①]

2）规定了特别保护的内容

《海商法》规定特别保护的内容表现在：①第五章"海上旅客运输合同"适用于沿海旅客运输，赔偿责任限额的规定除外。②第十一章"海事赔偿责任限制"适用于我国沿海运输，限额不适用于总吨位不满 300 吨的船舶、从事我国港口之间运输的船舶以及从事沿海作业的船舶。③第二百零七条吸收了《1976 年海事索赔责任限制公约》的条款，但该公约允许的限制责任事项"有关沉没、遇难、搁浅或被弃船舶（包括船上的任何物件）的起浮、清除、毁坏或使之变为无害的请求"被排除在外，以更有利于保护港口。

3）充分尊重当事人的意思自治

《海商法》调整的绝大部分都是合同关系，在"海上货物运输合同""海上旅客运输合同""船舶租用合同""共同海损""海上拖航合同""海上保险合同""船舶抵押权"等章节中，法律规定的都是任意性条款，仅在双方没有约定时适用。

当然，随着经济的发展和社会的变迁，以及国际社会立法的发展，《海商法》也有不尽完善之处，亟须修改。目前有关部门正加紧研究论证，以便修改出一个与时俱进的海商法。[②]值得注意的是，第十三届全国人大常委会立法规划将《海商法》修订作为第二类项目，2018 年 11 月 5 日，交通运输部发出了《海商法（修订征求意见稿）》，公开征求意见，《海商法》的修订、完善已进入实质性阶段。

---

① 屈广清. 海商法学［M］. 北京：中国民主法制出版社，2005.
② 屈广清. 海峡两岸海上货物运输合同立法之比较——兼论《中华人民共和国海商法》第 4 章的修改［J］. 世界海运，2003（4）：35.

1.4.2　我国海商法的具体适用范围

我国海商法的适用范围比较广泛，但是在具体的适用方面，应该明确以下问题：

1）海域的范围

海商法的重心在海，各国一般对海和非海有一个界定。通常，我国海商法的规定适用于海洋和沿海，但也有一些不适用于沿海，如《海商法》第二条规定："本法所称的海上运输，是指海上货物运输和海上旅客运输，包括海江之间、江海之间的直达运输。本法第四章海上货物运输合同的规定，不适用于中华人民共和国港口之间的海上货物运输。"根据该规定，我国沿海运输只能适用中华人民共和国交通运输部制定的《水路货物运输规则》《水路货物运输合同实施细则》。

2）船舶的范围

船舶在海商法中的意义重大，海商法调整的船舶关系和海上运输关系都直接关系到船舶。海商法中的船舶不是一般的船舶。《海商法》第三条规定："本法所称船舶，是指海船和其他海上移动式装置，但是用于军事的、政府公务的船舶和20总吨以下的小型船舰除外。"

3）商事的范围

海商法以海上商事为主要范围，一些不是发生在海上的事项，如船舶登记、储备检验、船员雇用等，也适用海商法的规定，因为是与船舶、海上运输有关的事项。

小资料1-2　　　　　　　　　　　　　　　　　　　　**海商法**

自1993年7月1日《海商法》生效以来，我国国内的立法也有了飞速发展，与海商、海事有关的立法包括《中华人民共和国对外贸易法》《中华人民共和国仲裁法》《中华人民共和国保险法》《中华人民共和国拍卖法》《中华人民共和国海洋环境保护法》《中华人民共和国海事诉讼特别程序法》《民法典》等。作为民事法律的特别法，《海商法》的效力优于上述民事普通法，但《海商法》早于上述法出台，导致两者之间存在法律冲突，可以通过修改《海商法》的规定来解决。2018年11月5日，交通运输部组织起草的《海商法（修订征求意见稿）》已经出台，并公开征求意见。

习近平总书记在党的"二十大"报告中指出："加强重点领域、新兴领域、涉外领域立法，统筹推进国内法治和涉外法治，以良法促进发展、保障善治。推进科学立法、民主立法、依法立法，统筹立改废释纂，增强立法系统性、整体性、协同性、时效性。"这些重要指示对海商法立法及《海商法（征求意见稿）》具有针对性的指导意义。如何增强海商法立法的系统性、整体性、协同性、时效性，这是一个值得认真思考的问题。

本章小结

海商法是一个古老的法律规范体系。它是为了适应航海通商贸易活动的发展需要而产生和发展的。

海商法专门以海上运输关系和船舶关系作为其调整对象，相应地形成了许多独特的法律制度。同时，海商法的法律渊源和适用效力也具有自身的特殊性。这些都是在学习海商法的具体制度之前需要首先掌握的问题。

本章围绕海商法的含义、性质，海商法律关系，海商法渊源和我国海商法的具体适用范围等内容，对该门学科做了概括而宏观的阐述。需要重点把握的内容有：海商法的含义、性质，我国海商法的具体适用范围。

主要概念

海商法　海上运输关系　海商法律关系　国际条约　国际惯例

基础训练

▲ 选择题

（1）我国近代最早关于海商法的立法是（　　　）。

A.《中华人民共和国海商法》

B.《中华人民共和国民法典》

C.1999年的《中华人民共和国合同法》

D.南京国民政府制定并颁布的《海商法》

（2）我国沿海运输适用的法律是（　　　）。

A.《海商法》

B.《水路货物运输规则》《水路货物运输合同实施细则》

C.《海商法》和《水路货物运输规则》、《水路货物运输合同实施细则》

D.《中华人民共和国民法典》

（3）《海商法》制定时就特别注意吸收国外同类立法的经验，"海上货物运输合同"章是在参考（　　　）的基础上制定的。

A.《1989年国际救助公约》

B.《1967年统一船舶优先权和抵押权的某些规定的国际公约》

C.《海牙规则》

D.《1910年统一船舶碰撞某些法律规定的国际公约》

（4）就海上货物运输来说，沿海货物运输实行的是（　　）。

A.不完全过错推定责任制　　　　　　B.完全过错推定责任制

C.混合责任制　　　　　　　　　　　D.不确定的责任制

（5）《民法典》规定按实际损失赔偿，《海商法》（　　）。

A.有法定的责任限额　　　　　　　　B.无法定的责任限额

C.一般按实际损失赔偿　　　　　　　D.没有规定

▲ 判断题

（1）海商法中民事法律关系的主体主要有自然人、法人、国家和国际航运组织。　　　　　　　　　　　　　　　　　　　　　　　　　（　　）

（2）在我国，海商法的渊源主要有国内立法、条约、国际惯例、判例。（　　）

（3）《海商法》规定，本法所称船舶，是指海船，军事的、政府公务的船舶，20总吨以下的小型船舰和其他海上移动式装置。　　　　　　　（　　）

（4）海商法以海上商事为主要范围，但是又有一些例外。一些不是发生在海上的事项，如船舶登记、储备检验、船员雇佣、造船也仍然适用海商法的规定。　　　　　　　　　　　　　　　　　　　　　　　　　（　　）

（5）对于海商法的性质，我国多数学者认为它应属于国际法的特别法。（　　）

▲ 简答题

（1）简述海商法的特点。

（2）简述海商法律关系的要素。

（3）简述我国海商法的适用范围。

案例分析

2002年10月16日，我国江苏纺织将一个集装箱的纺织品交给华夏货运从上海出运。华夏货运签发了正本提单，提单抬头为华夏货运，托运人为江苏纺织，收货人为Rafael Morales，装货港为中国上海港，目的地为美国拉雷多港。涉案货物报关单记载，货物总价为119 098.18美元，结汇方式为电汇，成交方式为FOB，涉案提单为在我国交通部报备的无船承运人提单，并由交通部网站长期公布。

后涉案货物在目的港被无单放货，原告江苏纺织诉至我国法院。被告华夏货运根据涉案提单背面条款的记载主张适用美国法律，并向法院提供了经美国公证机构公证及中国驻纽约总领事馆认证的美国律师事务所律师提供的美国《海上货物运输法》及《提单法》，江苏纺织不同意。涉案提单背面条款第33条为地区条款，其中第33.6条为美国地区条款。该条款规定：无论运输是从美国开始还是到美国的，承运人的责任（如果存在）必须根据美国1936年《海上货物运输法》的规定来确定。提单背面条款第36条为法律适用及管辖权条款。其中，第36.1条规定，本运输合同应根据中国香港地区法律解释。

由于各国海商法的规定不尽一致，一旦发生纠纷，必然涉及法律适用问题。我国法院认为，在上述案例中，由于涉案提单的地区条款所指向的美国法律允许承运人向记名收货人无单放货，使承运人应承担的责任较《海商法》第四章的规定为轻，根据《海商法》第四十四条的规定，该地区条款属于违反我国法律的强制性规定的情形，因此对其效力不予确认。最终，法院将《海商法》作为"直接适用的法律"，在本案中适用于对承运人责任的认定。

资料来源　张姗姗. 违反我国法律强制性规定的提单法律选择条款无效［J］. 中国船检，2005（6）.

问题：请对《海商法》第四十四条的规定进行认真分析，判断法院的理解是否正确。如果案件不在我国法院审理，结果是否会有所不同？

实践训练

实训项目一：网上搜集海商法相关资料能力的训练。

具体组织与要求：将班级同学分为两个小组，分别负责国际海商法律规范的网上搜集与各国海商立法的网上搜集。在两个小组内再分别设两个小组，其中一组负责对有关海商立法规范进行分门别类的整理，另一小组负责将与我国立法不一致的地方挑选出来并进行归纳。在这一过程中，各小组应当仔细认真地完成所布置的任务，并在自己负责的部分中通过归纳整理，结合教材中所学过的知识总结出海商法立法的特点，如一个国家的海商法立法特点及一个国际组织的海商法立法特点。然后，各小组汇总，互相分享所获得的信息，共同总结海商法立法的发展历程，并大胆预测海商法立法的未来发展趋势。

考核标准：从两个方面考核：一是评价网上搜集法律资料的情况，如是否完整、准确、按时等；二是评价各小组对立法特点的分析。其中，网上搜集法律资料是前提和基础。

实训项目二：课程思政思维能力训练。

我国《民法典》卷帙浩繁，共有1 260条、14万字，是名副其实的社会生活百科全书。请讨论民法与海商法的区别与联系，并以具体条文规定为例，说明社会主义核心价值观在《民法典》中是如何体现的，这对《海商法》的修订完善有何借鉴意义。

考核标准：一是对《民法典》相关条文的理解程度；二是学生关于《民法典》对《海商法》修订借鉴意义方面的建议。

实训项目三：处理非"海商法"案件能力的训练。

各国对海商法范围内的船舶的规定不一，如《希腊海事私法典》规定净吨位10吨以上的才是船舶。《瑞典海商法》规定全长12米以上，最大宽型至少4米才能被称为船舶。我国《海商法》也有相应的限定。如果发生争议的船舶不属于海商法规定的船舶，这些船舶的争议该适用什么法律呢？这涉及处理非"海商法"案件能力的训练问题。

考核标准：一是对船舶的理解能力。各国海商法为什么要对船舶进行限定。二是处理非"海商法"案件的能力，对非《海商法》规定的船舶引起的争议案件如何处理，是另一种知识与技能。可以综合考虑学生的观点及理解能力，并针对学生的理解不足提出针对性的训练方法。

第2章

船舶与船员

学习目标

知识目标：了解船舶和船员的概念，船长的概念与职责；理解船舶物权的各种形式及其相互之间的效力顺序。

技能目标：能够根据船舶物权的法律知识和相关规定，掌握与船舶物权、船员劳动合同相关的职业领域有关问题的法律应用技巧。

能力目标：能够灵活运用基本知识，根据海商法及国际公约的规定，分析与解决船舶物权、船员劳动合同相关法律纠纷中的实际问题。

素养目标：能够全面理解与掌握海商法理论、制度及规则的价值和意义，坚持中国海商法律文化与法律制度的充分自信，自觉维护社会主义法治原则，以实际行动弘扬社会主义核心价值观。

引例　　　　　　　　船舶与船员海事债权的清偿

挂甲国国旗的某轮船的所有人拖欠船员的工资，在轮船进入港口时又拖欠了港务费。轮船所有人向银行贷款时办理了抵押该轮船的手续并进行了登记。在发生了工资和港务费纠纷后该船遇难，为救助该船又发生了一笔救助费。该案中有不同形式的债权人，他们应该如何得到补偿呢？有先后顺序吗？

资料来源　北京万国学校. 司法考试历届真题分类解读［M］. 北京：人民法院出版社，2007.

分析：上述案例是海事纠纷中常见的形式，涉及船舶物权、船员权利保护等一系列问题。为了有效解决这些问题，首先应该了解这些不同权利的属性。

2.1　船舶概述

2.1.1　船舶的定义和国籍

1）船舶的定义

船舶的定义有多种，各国的规定不尽一致。如日本《商法》第六百八十四条规定，本法中的船舶，指以商业行为为目的，用于航行的船舶。其第四编规定，不适用于小船和其他仅以或主要以橹和棹航行的船舶。《海商法》第三条规定："本法所称船舶，是指海船和其他海上移动式装置，但是用于军事的、政府公务的船舶和20总吨以下的小型船艇除外。前款所称船舶，包括船舶属具。"

在一般意义上，船舶指一种水上浮动装置。在法律意义上，《海商法》中规定的船舶并非泛指一切船舶，而是指特定的船舶（见表2-1）。

表2-1　　　　　　　　　　　　　　　　船舶的定义

项目分类	内容	具体含义	举例
一般意义上的船舶	一种水上浮动装置	—	—
《海商法》中规定的船舶	海船	具有完全的海上航行能力，并作为海船进行登记的船舶	—
	其他海上移动式装置	不具备船舶的外形和构造特点，但具有自航能力，可以在海上移动的装置	如用于海上石油开采的浮动平台等
	船舶属具	不属于船的构成部分，为了航行或营运的需要而附属于船舶的器具	如罗经、救生艇筏和索具等
不属于《海商法》中规定的船舶	军事的、政府公务的船舶	—	—
	20总吨以下的小型船艇	—	—
	内河船	—	—
	被固定在港口的船舶	—	如桥船、灯船、仓库船等
	建造中的船舶	材料、机器、设备，以及将上述材料、机器、设备和建造人的技术逐渐转化为船舶的过程，其本身并不是真正意义上的船舶	—

水上飞机的属性

有人认为水上飞机也可以被列为海上移动式装置，然而，水上飞机虽然可以在海上漂浮，但它以飞行为主，因此对此仍有争议。

2）船舶的国籍

船舶的国籍是指船舶与特定国家在法律上的隶属关系。不同国家的船舶登记机关、船舶登记的条件有所不同。各国的主要做法见表2-2。

表2-2   船舶国籍的取得

封闭型	半封闭型	开放型
要求船舶所有权必须全部为本国人所有方能取得本国国籍，如果所有人为法人，则本国人的出资额不低于一定比例，且船员或高级船员为本国公民	只要求船舶所有权1/2以上为本国人所有等	只要船龄和技术标准符合要求，任何船舶都可以在该国登记，享受税收优惠
采用国家：美国、英国、日本、中国等	采用国家：法国、意大利、希腊、荷兰、北欧各国等	采用国家：巴拿马、利比里亚、塞浦路斯、洪都拉斯、索马里、马耳他、哥斯达黎加、摩洛哥、圣马力诺等

值得注意的是，在没有真正联系的国家登记并取得该国国籍、悬挂该国国旗的船舶被称为"方便旗船"，而其悬挂的国旗相应地被称为"方便旗"。由于方便旗船与其登记国之间没有真实的联系，缺乏真正有效的管理，因此是世界航运安全的一个隐患。

2.1.2 船舶的特点

与一般的普通船舶相比，《海商法》上的船舶具有以下几个特点：

1）拟人性

船舶具有拟人性指船舶虽然本质上是物体，却具有自然人的某些特性，如在"对物诉讼"中，将船舶作为被告，让其对"自己的"违法行为承担责任。

2）多重性

船舶具有多重性是指同一船舶可以同时成立不同的船舶物权，船舶物权的优先顺序也具有多重性。

3）整体性

船舶是一个合成体，分为船体、船用机器设备、船舶属具等。船舶的组成部分在特定时间可被分开处理，如可以将船体、船机和船舶属具分开保险，但在法律上应被作为一个整体看待。在船舶买卖、抵押或扣押等过程中，法律效力及于整艘船舶。

4）不动产性

民商法根据财产能否移动及是否因移动而影响其价值，将财产分为动产和不动产，这是传统民商法对财产进行的最基本的一种分类。能移动而不损害其价值的财产是动产；不能移动或移动会损害其价值的财产是不动产。根据这种标准，船舶显然是民商法上的动产。但是，许多法律规定是按照不动产的待遇对待船舶的。

5）国家领土性

在国际法理论中有船舶浮动领土说，即认为船舶是国家的浮动领土，是广义上的国家领土。

2.2　船舶物权的内容

船舶物权是指法律确定的海商法主体对船舶享有的权利。《海商法》第二章规定了船舶所有权、船舶抵押权、船舶优先权和船舶留置权四种物权。在我国船舶物权的国内立法中，最重要的是《海商法》第二章"船舶"中的规定。除此之外，《民法典》等中关于物权的规定也是我国船舶物权法的组成部分。

2.2.1　船舶所有权

1）船舶所有权的定义

《海商法》第七条规定："船舶所有权，是指船舶所有人依法对其船舶享有占有、使用、收益和处分的权利。"

2）船舶所有权的变动

权利的变动包括权利的取得、转让和消灭，因此，船舶所有权的变动包括船舶所有权的取得、转让和消灭。

（1）船舶所有权的取得

船舶所有权的取得分为原始取得和继受取得（见表2-3）。

表2-3　　　　　　　　　　　　　船舶所有权的取得

原始取得	继受取得
主要方式为船舶建造（船舶订造）。国际上常用的船舶建造合同的格式有三种：西欧船舶建造人协会船舶建造合同格式（代号为AWES FORM）；挪威船舶所有人协会和挪威船舶建造人协会船舶建造合同格式（代号为NORWEGIAN FORM）；日本船舶所有人协会船舶建造合同格式（代号为SAJ FORM）	主要方式为船舶买卖、接受赠予等。船舶所有权继受取得的方式实际上是所有权转让（有偿转让、无偿转让）。根据《海商法》第九条的规定，船舶所有权的转让，应当签订书面合同

关于船舶建造合同

有的国家将船舶建造合同作为一种船舶买卖合同，将建成后的船舶的买卖称为"二手船"买卖。二手船买卖合同通常有标准合同格式。目前世界上最常用的二手船买卖合同格式是挪威船舶经纪人协会制定的协议备忘录（代号为 NORWEGIAN SALE FORM）。

（2）船舶所有权的转让

船舶所有权的转让是指将船舶所有权让与的法律行为，包括买卖等有偿转让和赠予等无偿转让。

（3）船舶所有权的消灭

船舶所有权的消灭分为相对消灭和绝对消灭两种形式（见表2-4）。

表2-4 船舶所有权的消灭

相对消灭	绝对消灭
船舶作为所有权客体仍然存在，但是权利主体发生了变化，如船舶买卖、继承、法院强制拍卖等	船舶不能再被占有，也不能再发挥船舶的功能，如船舶灭失、失去原形体及功能等

我国关于船舶所有权登记的要求

《海商法》第九条规定，船舶所有权的取得、转让和消灭，应当向船舶登记机关登记；未经登记的，不得对抗第三人。同时，《海商法》第十条规定，船舶由两个以上的法人或者个人共有的，应当向船舶登记机关登记；未经登记的，不得对抗第三人。国务院颁布的《船舶登记条例》进一步对登记的具体要求做了规定。如条例第五条规定，船舶所有权的取得、转让和消灭，应当向船舶登记机关登记；未经登记的，不得对抗第三人。

各国关于船舶所有权登记的效力主要有两种：①登记生效制度，即船舶所有权的取得、转让和消灭以登记为生效条件；②登记对抗制度，即不登记仍然有效，但出现争议时不能自动地对抗第三人。各国关于所有权转移的规定，因财产的性质不同而不同（见表2-5）。

表2-5 所有权转移

不动产	船舶	动产
登记生效主义	登记公示主义	交付转移所有权
如果不登记，不发生效力	如果不登记，不能够对抗第三人	不需要登记

2.2.2 船舶抵押权

1）船舶抵押权的定义

《海商法》第十一条规定："船舶抵押权，是指抵押权人对于抵押人提供的作为债务担保的船舶，在抵押人不履行债务时，可以依法拍卖，从卖得的价款中优先受偿的权利。"

船舶是动产，但许多国家都规定船舶可以像不动产一样，作为抵押权的标的。

海商法最古老的制度之一就是曾在欧洲盛行的船舶冒险抵押制度（Bottomry）。在这种制度下，借款的偿还以船舶的继续存在为条件，如果船舶灭失，贷款人既丧失了担保，也丧失了债权。船舶冒险抵押制度到19世纪就消失了。为确保船舶建造、购买、营运中所需要的巨额资金，现代的船舶抵押制度开始得以确立。船舶抵押权的特点见表2-6。

表2-6 船舶抵押权的特点

特点	解释
从属性	在船舶抵押权与其所担保的债权的关系上，船舶抵押权具有从属性。关于从属性问题，我国法律有明确规定。《海商法》第十八条规定："抵押权人将被抵押船舶所担保的债权全部或者部分转让他人的，抵押权随之转移"
非分性	船舶抵押权的非分性，指船舶抵押权的不可分性，即抵押权不因抵押船舶被担保债权的清偿、分割或让与而受影响。对此，《海商法》第十六条第二款规定："船舶共有人设定的抵押权，不因船舶的共有权的分割而受影响"
代位性	船舶抵押权的物上代位性，是指船舶抵押权的效力及于船舶的代位物上。关于船舶抵押权的物上代位性，《海商法》第二十条规定："被抵押船舶灭失，抵押权随之消灭。由于船舶灭失得到的保险赔偿，抵押权人有权优先于其他债权人受偿"
确定性	船舶抵押权的确定性，是指作为船舶抵押权客体及所担保的债权是确定的。其具体体现于《海商法》第十三条，被抵押船舶的名称以及担保的债权数额等，均是船舶抵押权登记必须具备的内容
顺序性	船舶抵押权的顺序性是指船舶抵押权的优先顺序。《海商法》第十九条和第二十五条对此均做出了规定
非限性	船舶抵押权的非限性，即不论抵押船舶落入何人之手，抵押权人都可以追及。《海商法》第十七条规定："船舶抵押权设定后，未经抵押权人同意，抵押人不得将抵押船舶转让给他人"
公示性	船舶抵押权的公示方法为登记，《海商法》第十三条对此已有明确规定。关于登记的效力，主要有两种：登记生效主义和登记对抗主义。《海商法》第十三条对船舶抵押权的登记效力，采取了登记对抗主义，即未经登记，不得对抗第三人
协议性	船舶抵押权的协议性，是指船舶抵押权需签订船舶抵押合同后才能设定。《海商法》第十二条规定："船舶抵押权的设定，应当签订书面合同"
固定性	船舶抵押权的固定性，是指抵押权行使方式固定。对于民法上的抵押权，《民法典》第四百一十条规定了3种行使方式：折价、拍卖和变卖。而对于船舶抵押权的行使方式，《海商法》没有专门做出规定

2）船舶抵押权的变动

（1）船舶抵押权的取得

船舶抵押权的取得分为原始取得和继受取得两种形式。前者指因设定而取得抵押权；后者指通过受让、继承等方式而取得抵押权。

关于船舶抵押权的原始取得，《海商法》第十二条规定："船舶所有人或者船舶所有人授权的人可以设定船舶抵押权。船舶抵押权的设定，应当签订书面合同。"《海商法》第十三条规定："设定船舶抵押权，由抵押权人和抵押人共同向船舶登记机关办理抵押权登记；未经登记的，不得对抗第三人。"

《海商法》第十六条还规定："船舶共有人就共有船舶设定抵押权，应当取得持有 2/3 以上份额的共有人的同意，共有人之间另有约定的除外。船舶共有人设定的抵押权，不因船舶的共有权的分割而受影响。"

船舶抵押权的受偿顺序因登记的情况不同而有所不同（如图 2-1 所示）。

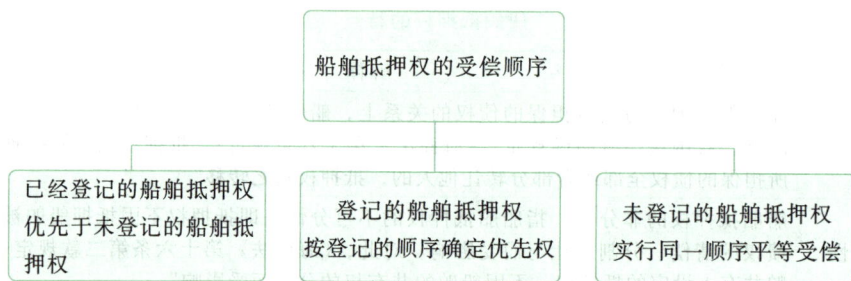

```
                    船舶抵押权的受偿顺序
                            │
        ┌───────────────────┼───────────────────┐
  已经登记的船舶抵押权    登记的船舶抵押权      未登记的船舶抵押权
  优先于未登记的船舶抵     按登记的顺序确定优先权   实行同一顺序平等受偿
  押权
```

图 2-1　船舶抵押权的受偿顺序

（2）船舶抵押权的转移

抵押权的转移指抵押权人发生变更。

关于船舶抵押权的转移，《海商法》第十八条规定："抵押权人将被抵押船舶所担保的债权全部或部分转让他人的，抵押权随之转移。"

值得注意的是，当抵押权人将被抵押船舶所担保的债权全部转让他人时，船舶抵押权也随之全部转移。对出让人而言，这意味着抵押权的丧失或消灭；而对受让人而言，则意味着取得抵押权。[①]从理论上讲，以上情况也应当进行公示，办理登记，否则不具有对抗第三人的效力。但《海商法》第十三条只规定，设定船舶抵押权，由抵押权人和抵押人共同向船舶登记机关办理抵押权登记；未经登记的，不得对抗第三人。而没有规定取得船舶抵押权也需办理登记。

（3）船舶抵押权的消灭

关于船舶抵押权的消灭，《海商法》第二十条只规定，被抵押船舶灭失，抵押

---

① 司玉琢. 海商法 ［M］. 北京：法律出版社，2003.

权随之消灭。然而，从理论上讲，能够导致船舶抵押权消灭的原因，至少还应当包括以下三种：①因担保的债权消灭而消灭；②因行使而消灭；③因抵押船舶被法院拍卖而消灭。

小资料 2-4　　　　　　　　　　　我国关于抵押的不同规定

《海商法》规定，抵押人只能是债务人。但根据《民法典》，第三人可以提供财产为他人的债务提供担保。另外，根据《海商法》的规定，抵押权人实现权利的方法只有船舶拍卖一种，而《民法典》中抵押权人实现权利的方法还包括自行变卖等。

2.2.3　船舶优先权

1）船舶优先权的定义

《海商法》第二十一条规定："船舶优先权，是指海事请求人依照本法第二十二条的规定，向船舶所有人、光船承租人、船舶经营人提出海事请求，对产生该海事请求的船舶具有优先受偿的权利。"

船舶优先权是海商法上特有的一项权利，关于其名称、性质、具体内容等有许多不同看法。例如，英国将这种权利称为"海事留置权"，德国称为"法定质权"，日本称为"先取特权"，我国台湾地区称为"海事优先权"。我国制定《海商法》时，曾对这种权利反复斟酌，最后确定为"船舶优先权"。

2）船舶优先权的变动

船舶优先权的变动指船舶优先权的产生、变更和消灭。

（1）船舶优先权的产生

船舶优先权的产生，指哪些海事请求具有船舶优先权。根据《海商法》第二十二条的规定，具有船舶优先权的海事请求主要有以下五项：

①船长、船员和在船上工作的其他在编人员根据劳动法律、行政法规或者劳动合同所产生的工资、其他劳动报酬、船员遣返费用和社会保险费用的给付请求；

②在船舶营运中发生的人身伤亡的赔偿请求；

③船舶吨税、引航费、港航费和其他港口规费的缴付请求；

④海难救助的救助款项的给付请求；

⑤船舶在营运中因侵权行为产生的财产赔偿请求。

以上海事请求应优先于其他请求受偿；一并属于具有船舶优先权的请求的，受偿顺序按从①~⑤的顺序排列。同一优先项目中，如有两个请求，应不分先后，同时受偿。受偿不足的，按比例受偿。但是上述第④项关于救助款项的请求例外。救助款项中有两个以上优先请求权的，后发生的先受偿。同时，如果第④项海事请求后于第①～③项海事请求发生，第④项也应优先于第①～③项受偿。

救助款项的给付请求所享有的船舶优先权，后发生的先受偿的理由是，后发生的救助保全了船舶，也保全了先发生的救助的成果，使得先发生的各项债权能够得到清偿，因此，保全他人者优先于被保全者受偿，这被称为"倒序原则"。

（2）船舶优先权的变更

船舶优先权的变更，指船舶优先权的转移。船舶优先权可随海事请求权的转移或代位而转移。例如，保险公司赔偿了人身伤亡保险，人身伤亡这一海事请求权就转移给了保险公司，该海事请求权具有的船舶优先权也随之转移，保险公司取得船舶优先权。

（3）船舶优先权的消灭

船舶优先权消灭的原因有很多。根据《海商法》第二十九条的规定，船舶优先权消灭的原因有：

①船舶灭失。船舶优先权因船舶灭失而灭失。船舶灭失是指船舶沉没、失踪或拆解完毕。

②怠于行使权利。具有船舶优先权的海事请求，自优先权产生之日起满1年不行使而消灭。而且，这里的1年期限不得以任何理由中止或中断。另外，在船舶所有权转让的情况下，法院应受让人的申请进行公告，自公告之日起满60日不行使船舶优先权的，船舶优先权也消灭。

③司法拍卖。船舶经法院强制出售后，附着在船舶上的船舶优先权就消灭了。

④其他原因，如债权清偿、已经提供了其他担保等。

值得注意的是，船舶优先权并非总能最先受偿。因行使船舶优先权产生的诉讼费用，保存、拍卖船舶和分配船舶价款产生的费用，以及为海事请求人的共同利益而支付的其他费用，应从船舶拍卖所得价款中先行拨付。

综上所述，船舶优先权与船舶抵押权有许多不同之处（见表2-7）。

表2-7 船舶优先权与船舶抵押权的比较

船舶优先权	船舶抵押权
1.是法定的担保物权	1.是约定的担保物权
2.无须登记	2.非经登记，不得对抗第三人
3.优先于船舶抵押权	3.不优先于船舶优先权
4.船舶灭失时，因船舶的灭失而灭失	4.船舶灭失时，可以向肇事者提出请求

2.2.4　船舶留置权

1）船舶留置权的定义

关于船舶留置权，《海商法》第二十五条第二款规定："前款所称船舶留置权，是指造船人、修船人在合同另一方未履行合同时，可以留置所占有的船舶，以保证造船费用或者修船费用得以偿还的权利。船舶留置权在造船人、修船人不再占有所造或者所修的船舶时消灭。"

值得注意的是，除《海商法》第二十五条第二款对船舶留置权的规定外，《海商法》第一百六十一条也规定："被拖方未按照约定支付拖航费和其他合理费用的，承拖方对被拖物有留置权。"显然，当被拖物为船舶时，承拖方完全可以根据此条法律规定对其拖带的船舶主张留置权。另外，根据《民法典》的规定，假如船舶所有人将船舶交由他人保管，保管人就可以根据《民法典》的规定主张留置权。因此，以船舶为客体的留置权并不仅限于《海商法》第二十五条第二款的定义。

2）船舶留置权的变动

（1）船舶留置权的取得

根据《民法典》对留置权所做的一般规定和《海商法》对船舶留置权所做的规定，船舶留置权取得的条件是：①占有船舶；②有造船合同或修船合同；③船舶为建造或修理的船舶；④债权与船舶有关系；⑤造船费用或修船费用需要支付。

值得注意的是，《民法典》第四百四十九条规定："法律规定或者当事人约定不得留置的财产，不得留置。"

（2）船舶留置权的消灭

船舶留置权消灭的原因有以下几种情况：①因其上的物权消灭而消灭；②因担保的债权的消灭而消灭；③因另行提供担保而消灭；④因丧失对船舶的占有而消灭；⑤因延展费用清偿期不再具备成立留置权的条件而消灭。

综上所述，船舶权利之间的优先关系是不同的，是有一定顺序的（如图 2-2 所示）。

司法费用　→　船舶优先权　→　船舶留置权　→　船舶抵押权　→　一般债权

图 2-2　《海商法》和相关法律规定的关于船舶权利之间的优先关系

2.3　船员概述

2.3.1　船员的定义

船员有广义和狭义之分。广义的船员指包括船长在内的船上一切职员，采取这种规定的有日本船员法和德国海商法。《海商法》第三十一条也采用广义的船员概念："船员，是指包括船长在内的船上一切任职人员。"狭义的船员是指受船舶所有人聘任或雇佣，并且同时受船长指挥的船上职员。在狭义的船员中，不包括船长。在英美等国的海事法律、法规中，船员是指被雇用在船上服务并服从船长命令的服务人员。

各国立法中，船员（crew）和海员（seaman）的概念也不尽相同。有的国家认为船员和海员具有同一含义，如我国。有的国家则认为船员和海员具有不同的内涵，如日本。

小资料2-5　　　　　　　　　各国关于船员的法律调整

大陆法系国家将海商法中有关船员的规定纳入私法的范畴，也有一些国家（如美国等）制定有专门的船员法，把海商法中有关船员的规定纳入公法的范畴。2020年中华人民共和国国务院修订的《中华人民共和国船员条例》通过专门立法规定了船员问题，《海商法》中也有船员的相关规定。

通常认为，船员是指经法定程序取得船员资格，在特定船舶上从事船舶航行业务的人。船员的构成要件如下：

1）经法定程序取得船员证书

《1978年海员培训、发证和值班标准国际公约》和2013年通过的《中华人民共和国海船船员适任考试和发证规则》（2017年修订后，自2017年4月15日起施行，以下简称《海船船员适任考试和发证规则》）中都有相关规定。船员除持有其身份证书（海员证）外，在一些重要的技术岗位上，还必须持有相应的职务证书，如船长、驾驶员、轮机长、轮机员、报务员等需持有相应技术水平的证书才能上船作业。

2015年11月3日交通运输部通过了《内河船舶船员适任考试和发证规则》，自2016年5月1日起施行。该规定规范了内河船舶船员适任考试和发证管理等问题。

2）需受雇或受聘于船舶所有人

与船舶所有人建立聘用或雇佣关系，船舶所有人和船员相互承担的义务才得以明确。

3）必须在特定的船舶上执行与船舶航行有关的职务

必须在特定的船舶上和在特定的船舶上执行职务，是两个要件，缺一不可。虽长期在船舶上，但不从事船舶航行业务，也不是船员，如科技考察船的科技人员或运动员，还有客船上做服务工作的服务人员等。

2.3.2 船员的资格

我国规定船员资格的法律主要有：1983年通过的《中华人民共和国海上交通安全法》[①]、2007年通过的《中华人民共和国船员条例》（2020年修订）、2017年通过的《中华人民共和国海船船员适任考试和发证规则》、2019年10月1日实施的《中华人民共和国船员培训和船员管理质量管理规则》等。2019年8月1日，中华人民共和国海事局发布了《关于印发〈中华人民共和国海船船员适任考试和发证规则〉实施办法的通知》。

1）船员考试发证制度适用范围

各国一般将船员分为不同的类别（见表2-8）。

表2-8　　　　　　　　　　　各国船员的分类

分类	组成
甲板部船员	船长、大副、二副、三副、水手长、水手、舵工等
轮机部船员	轮机长、大管轮、二管轮、三管轮、机工、车工、电工等
事务部船员	事务长、厨师、服务员、医务人员等
电信部船员	报务主任、无线电报务员、无线电话务员等

在我国，船员分为高级船员和一般船员。高级船员主要包括对船舶的安全承担重要责任的船员，如船长、驾驶员、轮机长、轮机员、电机员和报务员；一般船员是指水手、船医、机匠、厨师、服务员等船上一般工作人员。我国的船员考试发证制度主要适用于高级船员。《海商法》第三十二条规定："船长、驾驶员、轮机长、轮机员、电机员、报务员，必须由持有相应适任证书的人担任。"由此可见，《海商法》不要求一般船员持有适任证书，只要在上岗前经过必要的专业技术训练即可上船任职，不必按《海船船员适任考试和发证规则》考试。但《海船船员适任考试和发证规则》也规定了一般船员考试发证的相关内容。

---

① 2021年4月29日第十三届全国人民代表大会常务委员会第二十八次会议修订，自2021年9月1日起施行。

2018年11月21日，交通运输部通过了修订的《船舶最低安全配员规则》，对船舶最低安全配员做出了明确规定。

2）船员考试发证的主管机关、发证机关

根据《海船船员适任考试和发证规则》的规定，我国船员考试发证的主管机关是中华人民共和国国务院交通运输主管部门。国家海事管理机构在国务院交通运输主管部门的领导下，对海船船员适任考试和发证工作进行统一管理。

3）船员考试办法

《海船船员适任考试和发证规则》第二十四条规定："海船船员的适任考试包括理论考试和评估。"其第二十五条规定："考试科目、大纲由国家海事管理机构统一制定并公布。"

4）船员证书

船员的资格需由船员身份证书和船员职务证书予以证明。船员只有持有这两种证书，才表明具备了法定的船员资格。

（1）船员身份证书

2020年修订的《中华人民共和国船员条例》（以下简称《船员条例》）第七条规定："船员服务簿应当载明船员的姓名、住所、联系人、联系方式以及其他有关事项。船员服务簿记载的事项发生变更的，船员应当向海事管理机构办理变更手续。"《船员条例》第十一条规定："以海员身份出入国境和在国外船舶上从事工作的中国籍船员，应当向国家海事管理机构指定的海事管理机构申请中华人民共和国海员证。"海员证是船员身份证书。我国与许多国家都签发了海运协定，相互承认由港务主管机关签发的船员证书。持我国海员证的船员可在外国港口通行；乘船回国可免办入境签证；乘其他交通运输工具回国，由我国驻外使、领馆或本船船长在海员证上签注后，可免办入境签证；乘船舶以外的交通工具出国上船或接船，可以海员证代替护照，办理入境和出境签证。

《船员条例》第十三条对海员证的有效期等问题做出了规定："中华人民共和国海员证是中国籍船员在境外执行任务时表明其中华人民共和国公民身份的证件。中华人民共和国海员证遗失、被盗或者损毁的，应当向海事管理机构申请补发。船员在境外的，应当向中华人民共和国驻外使馆、领馆申请补发。中华人民共和国海员证的有效期不超过5年。"

（2）船员职务证书

船员考试发证的对象是担任关键技术职务的高级船员。这些高级船员经考试合格取得相应的船员职务证书，具备担任船上某种职务的资格。根据《海船船员适任考试和发证规则》第十四条的规定，适任证书的有效期不超过5年，有效期截止日期不超过持证人65周岁生日。

2.3.3　船员的配备

配备船员有两方面的含义：配备船员应达到总的船员定额；配备船员必须保证持有职务证书的船员的定额，即通常所说的船舶最低安全配员。

关于船员的配备，尚无国际统一标准。各国通常根据船舶的类型、大小、技术标准和建造上的要求来确定船员的配备。我国交通部于1990年发布了《关于给国际航行船舶核发最低安全配员证书的通知》，规定了我国国际航行船舶的最低安全配员。

我国《关于给国际航行船舶核发最低安全配员证书的通知》规定，从事国际航线航行的船舶的最低安全配员为船长、大副、二副、三副、轮机长、大管轮、二管轮、三管轮各一人。发电机总功率在750千瓦以上的船舶，应增配电机员一人。同时，还针对不同吨位的船舶，规定了应配备的其他人员。最低安全配员不包括事务部所需配备的人员。

2.3.4　船员劳动合同

船员劳动合同是船员与船舶所有人、船舶经营人达成的劳动关系方面的书面协议。船员的任用有雇佣制和聘任制两种。在我国，对普通船员一般采取直接聘任的形式；高级船员则需取得适任证书，然后由船舶所有人聘任并委任其相应的职务。不过，近年来，随着经济体制改革的不断深化，一般都采取合同制的聘任方法。

一般来说，船员劳动合同大致具有以下三个特点：

1）签约方式间接

我国的船员劳动合同，一般由船员向劳务服务机构提出申请，然后由劳务服务机构与船舶所有人或船舶经营人签订用人合同。

2）船员权利专属

一般民事合同，当事人对自己的权利可以任意处分，但船员劳动合同中的船员权利，当事人自己不能任意处分。例如，在船员劳动合同中，双方当事人都不得将自己的权利转让给第三人。[①]

3）合同内容特定

船员劳动合同的内容大部分是由各种法律强制规定的，如劳动法、保险法等。

---

① 司玉琢. 海商法［M］. 北京：法律出版社，2003.

当事人不能自由更改。

在船员劳动合同中，船员享有具体的权利，并履行相应的义务（见表2-9）。

表2-9 船员的权利与义务

权利	义务
1.获得报酬	1.提供劳动
2.获得遣返费	2.服从管理
3.获得保险	3.遵守法律等
4.参与救助报酬分配	
5.安全保障权	
6.非职务范围内的拒绝执行权等	

2.4 船长的定义和职责

2.4.1 船长的定义

船长，顾名思义，是一船之长。根据《1978年海员培训、发证和值班标准国际公约》附则第一条的有关规定，船长"是指挥一条船的人"。《海商法》第三十五条仅规定"船长负责船舶的管理和驾驶"。通常认为，船长是经考试合格取得适任证书之后，经船舶所有人聘任或雇用，在船舶航行期间，指挥全船一切事务的人。

2.4.2 船长的职责

我国《远洋船员职务规则》规定了船员的职责范围，船长负责全船的管理和驾驶。大副是船长的主要助手和第一继任人，在船长直接领导下，负责甲板部的工作。当船长在航行途中因故不能执行职务时，由大副代行其职责。大副同时还要负责货物的配载、装卸及运输管理。二副在大副的直接领导下，执行驾驶任务，指挥船舶靠离港口，并主管船舶驾驶设备的技术管理工作。三副在大副的领导下执行船舶航行、停泊的有关职责，并主管救生、消防设备的技术管理工作。轮机长是在船长直接领导下的轮机部的负责人，负责船舶机械推进职能。大管轮是轮机长的继任人。大管轮、二管轮、三管轮均是在轮机长的领导下的轮机部的值班人员。电机员则是在轮机长的领导下主管船舶电机和船上电气设备的人。

具体而言，船长的职责见表2-10。

表2-10 船长的职责

指挥权	治安权	公证权	处分权			代理权
船长是船舶上的最高行政长官，有船舶指挥权	船长有维持船舶治安的权力	船长有证明船上出生、死亡等事项的公证权	船长有在船舶发生危急情况时采取相应紧急措施的权力			船长可以：一是作为船舶所有人的代理人，负责签发提单，向收货人交付货物等；二是作为货主的代理人，负责办理与货物有关的事宜
《海商法》第三十五条规定，船长在其职权范围内发布的命令，船员、游客和其他在船人员都必须执行。同时，根据《海商法》第三十九条的规定，船长的指挥命令是绝对的，不因引航员引领船舶而解除，引航员无法取代船长在船上的至高无上的指挥地位	《海商法》第三十六条规定，为保障在船人员和船舶的安全，船长有权对在船上进行违法、犯罪活动的人采取禁闭或其他必要措施，并防止其隐匿、毁灭、伪造证据。船长采取前款措施，应当制作案情报告书，由船长和两名以上在船人员签字，连同人犯送交有关当局处理	《海商法》第三十七条规定，船长应当将船上发生的出生或者死亡事件记入航海日志，并在两名证人的参加下制作证明书。死亡证明书应当附有死者遗物清单。死者有遗嘱的，船长应当予以证明。死亡证明书和遗嘱由船长负责保管，并送交家属或者有关方面	船舶处分权	船上物品的处分权	船上人员的处分权	《海商法》第三十八条规定，在船舶的沉没、毁灭不可避免的情况下，船长可以做出弃船决定；但是，除紧急情况外，应当报经船舶所有人同意。《海商法》第一百七十五条第二款规定，遇险船舶的船长有权代表船舶所有人订立救助合同。遇险船舶的船长或者船舶所有人有权代表船上财产所有人订立救助合同

2.5 国际公约的规定

在船舶公约方面，最早规范船舶优先权和抵押权的国际公约是在布鲁塞尔召开的第四届海洋法外交会议上通过的《1926年统一船舶优先权和抵押权某些法律规定的国际公约》。公约的主要内容包括：船舶优先权的范围、船舶优先权与抵押权之间的受偿顺序以及各船舶优先权之间的受偿顺序、船舶优先权实现的途径及时效等。该公约目前已经生效。

1967年，在布鲁塞尔召开的第十二届海洋法外交会议上通过了《1967年统一船舶优先权和抵押权某些规定的国际公约》。该公约对船舶抵押权及质权等内容做了更为具体的规定。它于1987年4月生效。

1993年，在国际海事组织等的领导下，通过了《1993年船舶优先权和抵押权国际公约》。

有关船员方面的国际立法，主要的国际公约有：1920年的《确定准许儿童在海上工作的最低年龄公约》、1921年的《确定准许使用未成年人为扒炭工或司炉工的最低年龄公约》、1921年的《在海上工作的儿童及未成年人的强制体格检查公约》、1926年的《海员遣返公约》、1928年生效的《海员协议条款公约》、1936年的《商船船长和高级船员业务能力最低要求公约》、1936年的《船上工作时间和配员公约》、1936年的《船东在海员患病、受伤或死亡时的责任公约》、1936年的《海员疾病保险公约》、1946年的《海员养老金公约》、1946年的《海员带薪休假公约》、1949年的《船员在船上起居舱室公约》、1978年的《1978年海员培训、发证和值班标准国际公约》（简称《STCW标准公约》）。我国已经参加《海员协议条款公约》等。1928年生效的《海员协议条款公约》的实践意义较强（见表2-11）。

表2-11　　　　　　　　海员协议条款公约

公约名称	海员协议条款公约
生效时间	1928年4月4日
适用对象	该公约适用于已在批准该公约的任何会员国登记的一切航海船舶及此等船舶的所有人、船长及船员。公约不适用于军舰、非从事贸易的政府船舶、从事沿岸贸易的船舶、游乐艇、印度帆船、渔船、登记总吨位不满100总吨或不足300立方米的船舶，以及从事国内运输的船舶或吨位低于在该公约通过时国际法律为特别管理此项贸易所规定的吨位限制的船舶
公约中的有关名词	①船舶，无论属于任何性质，无论公有还是私有，包括通常从事海上航行的任何船舶；②海员，包括以任何资格受雇用或在任何船上从事工作并参与海员协议条款的任何人员，但船长、引航员、培训船上的实习生、订有适当契约的学徒、海军人员以及担任政府永久职务的其他人员除外；③船长，包括主持并指挥一艘船舶工作的任何人员，但引航员除外；④国内运输船舶，指一国与邻国港口之间在国家法律所规定的地理界限内从事运输的船舶
协议条款的签订	关于海员协议的条款，应由船舶所有人或其代表与海员签订。在签字之前，应给予海员及其顾问以审查协议条款的便利条件；海员应依照法律所规定的条件签订协议，以期保证主管机关的适当监督；如主管机关证明协议的规定以书面形式呈送该机关，并经船舶所有人或其代表与海员双方证实时，便视为已经遵循了上述各项规定
协议的内容	协议中应明确载明双方的权利和义务以及一些必须记载的内容和事项，同时规定协议可以是定期的，也可以是定航次的，如为国家法律所许可，亦可订立无定期的协议
协议的终止	如遇下列情况，应属自然终止：①双方同意；②海员死亡；③船舶灭失或完全不适于航海；④国家法律或该公约所规定的其他原因。此外，公约还规定了协议终止以后的处理等内容

本章小结

船舶的定义有多种，各国的规定不尽一致。可以从一般意义上和法律意义上对船舶进行理解。《海商法》中规定的船舶并非泛指一切船舶，而是具有特定含义的船舶。

船舶物权是指法律确定的主体对船舶享有的权利。《海商法》第二章规定了船舶所有权、船舶抵押权、船舶优先权和船舶留置权四种物权。除此以外，《民法典》等中关于物权的规定也是我国船舶物权法的组成部分。

船员有广义和狭义之分。广义的船员是指包括船长在内的船上一切任职人员。船长是经考试合格取得适任证书之后，经船舶所有人聘任或雇佣，在船舶航行期间，指挥全船一切事务的人，其拥有指挥权、治安权、公证权、处分权和代理权等。狭义的船员是指受船舶所有人聘任或雇佣，并且同时受船长指挥的船上任职人员。

船员劳动关系是通过劳动合同来体现的。船员的任用有雇佣制和聘任制两种基本形式。

有关船舶物权和船员的国际公约比较多，较为重要的有《海员协议条款公约》等。

关于对待海商国际公约的态度问题，中国要积极参与海商国际公约的制定，以更好地"促进世界和平与发展，推动构建人类命运共同体"。

主要概念

方便旗船　船舶物权　船舶留置权　船员　船员劳动合同　船长

基础训练

▲ 选择题

(1) 国际上常用的船舶建造合同的格式有（　　　）。

A.西欧船舶建造人协会船舶建造合同格式

B.挪威船舶所有人协会和挪威船舶建造人协会船舶建造合同格式

C.日本船舶所有人协会船舶建造合同格式

D.英国船舶所有人协会船舶建造合同格式

(2)《海商法》规定，船舶所有权的取得、转让和消灭，应当向船舶登记机关登记，未经登记的，（　　　）。

A.不得对抗第三人　　　　　　　　B.不发生任何效力

C.可以对抗第三人　　　　　　　　D.不发生任何效力也不得对抗第三人

(3)《海商法》规定，船舶共有人就共有船舶设立抵押权，应当取得持有（　　　）

份额的共有人同意，共有人之间另有约定的除外。

  A.三分之二以上   B.二分之一以上

  C.二分之一   D.四分之三以上

  （4）认为船员和海员具有不同内涵的国家是（ ）。

  A.日本   B.中国   C.中国和日本   D.所有国家

  （5）我国规定，当船长在航行途中因故不能执行职务时，由（ ）代行其职责。

  A.大副   B.二副   C.轮机长   D.大管轮

  （6）按照《海商法》的规定，附于甲轮上的船舶优先权会因为（ ）而消灭。

  A.甲轮沉没

  B.甲轮原船东将该船出售给另一船公司

  C.甲轮被法院强制出售

  D.请求人在船舶优先权产生之日满一年仍不行使

  （7）香港船舶"德恒号"上设有我国甲公司的留置权、美国乙公司的抵押权、我国丙公司的优先权，按照《海商法》的规定，上海海事法院在审理"'德恒号'赔偿案件"时，甲、乙、丙的受偿顺序是（ ）。

  A.甲、乙、丙   B.乙、甲、丙   C.丙、甲、乙   D.乙、丙、甲

▲ 判断题

  （1）船舶具有不动产性。   （ ）

  （2）《海商法》规定，船舶所有权的转让应当有合同才行。 （ ）

  （3）船舶是动产，所以一般只能在其上设立质权而不应设立抵押权。 （ ）

  （4）在我国，船员没有高级船员和一般船员之分。   （ ）

  （5）轮机长是船舶驾驶台上的最高指挥官，船长是船上的最高行政首长。 （ ）

▲ 简答题

  （1）简述海商法中船舶的特点。

  （2）简述船舶建造合同的法律性质。

  （3）简述《海商法》规定的具有船舶优先权的海事请求。

案例分析

  （1）Hills Dry Dock and Engineering Company Ltd.（以下简称为H公司）是英国的一家船舶修理公司。Credit Maritime et Fluvail de Belgigue（以下简称为法国C公司）是法国船舶"Colorado"的抵押权人。

  H公司对"Colorado"进行修理后，没有取得相应的报酬，于是在英国对船舶

提起了对物诉讼，船舶被拍卖获得6 000英镑。而法国C公司早已在"Colorado"上设定了41 000英镑的抵押，它向法庭提出了一项动议，要求法庭判定H公司和法国C公司的受偿顺序。

Hill法官听取了有关解释法国法的证据之后认为，抵押权人应先于对物诉讼的修理人受偿。他认为，获得索赔的条件是，索赔方或者对财产有着某种权利，或者由法令赋予他对物诉讼的权利。因此，法庭首先要查明索赔方是否有这种索赔的权利，其后才能决定他的索赔是否比其他索赔更具优先性。Hill法官首先确认了H公司和法国C公司都有索赔的权利。而后，通过法国律师提供的证据，Hill法官查明法国抵押权人拥有物权，这种权利虽然不包括占有权，仅是一种可通过法律程序扣押和拍卖船舶的权利，但它依附于财产，不随其所有权的变更而变更。无论船舶属于何人，抵押权人都可以对船舶行使该权利。它在本质上是一种财产权利。因此，Hill法官认为它与英国法下的抵押权没有什么不同。因此，他判定法国抵押权人优先于船舶修理人受偿。

资料来源　屈广清. 海商法学［M］. 北京：中国民主法制出版社，2005.

（2）5名内地船员被内地船东雇用跑港澳航线，遭遇风浪船沉人亡。死亡赔偿应按港澳标准还是内地标准给付？因无明确规定，法官只好比照现行法律调解。之后，这宗人身伤亡赔偿纠纷在广州海事法院调解成功。"协航99"轮99%的所有权为浙江村民陈日根所有，广东长江船务有限公司占1%的所有权。该轮由船东雇用船员，长期出租给香港汇通（港澳）船务有限公司，航行于香港与澳门之间。2004年4月12日晚，该轮在珠江口桂江岛附近沉没，5名船员失踪，其中3人下落不明。对找到尸体的2名船员，澳门特别行政区政府出具了死亡地为澳门的证明。

2004年4月21日，5名船员的家属向广州海事法院提出申请，请求扣押陈日根及广东长江船务有限公司另外所有的"协航288"轮。法院经过审查依法扣押了该轮，并责令陈日根及广东长江船务有限公司提供400万元的担保。由于在法定期限内没有提供担保，5月22日，5名失踪及死亡船员的家属将汇通公司、陈日根、广东长江船务有限公司告到广州海事法院，请求法院判令其赔偿每人人民币80万元及利息。

经法官陈述利害得失，双方同意调解，但对死亡赔偿金额产生分歧。被告认为，5名船员生前与船东存在以内地法律为依据的劳动合同关系，应按《工伤保险条例》赔付，5名船员每人所应得到的赔偿金额不到8万元人民币。船员家属认为，没有任何规定将港澳航线航行的船员纳入《工伤保险条例》的保障范围。船员死亡地在澳门，赔偿标准应参照涉外（港澳）海上人身伤亡的赔偿标准。5名船员家属每人应得到近80万元人民币的赔偿。

　　合议庭查阅现行法律，现行法律对类似本案纠纷的赔付标准没有明确规定，决定比照现行法律精神来调解。在法官耐心细致的调解下，双方终于达成调解协议，以被告向5名原告共赔付111万元达成和解协议。不过，随着内地与港澳经济交往越来越频繁和劳务活动的不断开展，类似本案的纠纷会越来越多。如何处理这些纠纷是一个值得探讨的问题。

　　资料来源　胡后波．内地船员在港澳航线因工死亡应赔多少［EB/OL］．［2015-04-03］．http：//data.110.com/a828452.html.

　　问题：（1）Hill法官的判决是否正确？H公司应该如何规避风险？
　　　　　（2）如果双方没有达成调解协议，法官处理案件的依据是什么？

实践训练

实训项目一：提高法庭辩论能力。

　　1989年7月，本案原告耿某被大连经济技术开发区海达公司（以下简称海达公司）聘为外派船员，为此，双方签订了外派船员合同。其中规定，外派船员自离境时起，在外轮工作期间因工致伤、致残和生病、死亡，均按中国劳动法律、法规的有关规定处理。海达公司和大连海福拆船公司（以下简称海福公司）签订了雇用船员合同，同年7月25日，耿某即被外派受雇于海福公司所属的巴拿马籍"佳灵顿"轮，任该轮大管轮之职，期限为1年。海福公司依据和海达公司签订的雇用船员合同第13条关于"船员受雇期间的人身、行李安全办好保赔协会的保险，其条件相当于《香港法例》第282章雇员赔偿条例"的约定，为包括耿某在内的受雇船员在大连保险公司投保了人身保障和赔偿险。

　　耿某受雇后，即随船工作。1989年11月28日，"佳灵顿"轮在土耳其汉杰港卸货，耿某在机舱紧固舵机底座螺丝时，左手食指被砸伤，中指亦受伤。经当地医院简单处理后，于同年12月1日被送回北京。经国内医院治疗，终因伤势过重，受伤的左手食指被截掉一节。在住院治疗期间，耿某共付医疗费人民币1 145.54元。出院时经法医鉴定：其左手食指第一节缺如（即截掉），近掌指骨关节僵固，指掌关节大部分能活动，鉴定费人民币90元。耿某出院后，多次找海福公司解决伤害赔偿之事，均被拒绝。耿某遂于1991年7月1日向大连海事法院起诉，依据海达公司与海福公司签订的雇用船员合同第13条的约定，要求海福公司支付2 184美元的保险赔偿金，并赔偿其工资损失4 441.67美元和医疗费人民币1 145.54元。

　　被告海福公司辩称：耿某是经海达公司而受雇于我公司的，不是我公司的直接雇员，与我公司无合同关系，故其不应直接向我公司主张权利。我公司与海达公司签订的雇用船员合同第13条是无效条款，因此，我公司不负赔偿责任。耿某应以其与海达公司签订的外派船员合同作为请求赔偿的依据。耿某请求补偿工资损失4 441.67美元不合理，只应补偿其49天的工资412.50美元。我公司为"佳灵顿"轮船员投保了船员受伤的保障与赔偿险，因保险公司对赔偿有异议，故我公司无法按其要求给予补偿。

资料来源 司玉琢. 海商法教学案例［M］. 北京：知识产权出版社，2003.

具体组织与要求：将班级同学分为两个小组（如果人数比较多，可以增加小组数量），分别代表原告与被告进行法庭辩论。要求：①遵守我国法律规定的辩论顺序；②根据有关法律分别为自己一方寻找理由，争取有利的判决结果；③可以进行和解但要对己方有利。

考核标准：从两个方面考核：一是评价各方法庭辩论的具体内容，如程序是否完整，理由是否可靠、可信等；二是评价各方的法庭辩论情况等。在此基础上，评出获胜的一方，最后由老师进行点评与总结。

实训项目二：船长知识与能力训练。

船长的知识与能力对船舶航行与驾驶非常重要。本项目主要训练对船长的义务及船长指挥失误的责任的深刻理解。

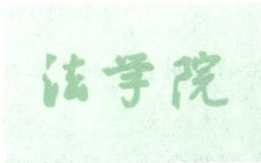

值得注意的是，对将来要从事海事、海商法律业务和商务的学生而言，一定要加强航海方面专业知识的辅修，了解船长业务、船舶值班与避碰、航海仪器、船舶定位、航线与航行方法、罗经差的测定等内容，并加强理论与实践的相互结合。

考核标准：教师可选择一个具体的船舶航行事故案例，将学生分成不同小组，分别扮演船长、船员等角色，根据不同角色的发挥与问题，寻找导致船舶事故的主客观原因，包括根据瞭望规则的要求，考量船舶相关人员对ARPA（自动雷达绘图辅助设备）、VTS（船舶交通管理系统）等信息技术知识的应用程度，在综合评判的基础上，确定船舶事故所涉各方的责任大小，并对学生的表演与表现进行客观评价。

第3章

船舶租用合同

学习目标

知识目标：了解船舶租用合同的概念、种类；理解各种船舶租用合同中当事人的主要权利与义务。

技能目标：能够应用船舶租用的法律知识，掌握不同种类的船舶租用合同的法律要求与应用技巧。

能力目标：能够灵活运用船舶租用合同的基本知识进行实际操作，具有解决船舶租用合同纠纷的实际能力。

素养目标：能够全面理解与掌握海商法理论、制度及规则的价值和意义，坚持中国海商法律文化与法律制度的充分自信，自觉维护社会主义法治原则，以实际行动弘扬社会主义核心价值观。

引例 船舶租用合同纠纷

甲和乙签订了航次租船合同，约定由甲的轮船将乙的一批谷物从美国运输至英国的利物浦港口。甲的轮船依约装载了谷物于1968年1月2日16：30到达利物浦港口的Mersey锚地，该锚地距离利物浦的商业区17英里，该地点是等待卸粮泊位的船舶通常等泊的地点。甲的轮船在这个锚地泊了一晚，于第二天10：30到达利物浦港，办妥了清关手续，但又被港口官员命令离开，后于当天14：40返回了锚地。当天的14：35，甲向乙递交了准备就绪通知书。甲的轮船一直在锚地停泊，直到1月21日的3：15才停靠在利物浦港的一个泊位上，并于当天8：25开始卸货，1月29日16：15卸完。甲和乙就滞期费产生了争议并提交了仲裁，争论的焦点是到底何时甲的轮船成为到达船，可以起算装卸时间。甲认为到达利物浦港口的Mersey锚地锚泊即为到达，因为此锚地在利物浦港内，并且是等待卸粮泊位的船舶通常等泊的地点，也是港口官员命令甲的轮船锚泊在那里的。乙认为 Mersey 锚地距离利物浦的商业区 17 英里，到达 Mersey 锚地不算抵达了利物浦港，船舶在抵达卸货泊位后才算抵达。仲裁庭做出了有利于乙的裁决，但是法院最后支持了甲。

资料来源　张丽英. 海商法学［M］. 北京：高等教育出版社，2006：189-190.

分析：在船舶租用过程中，经常发生各种纠纷，因此，需要明确不同的租用合同的具体规定、规则和要求，这样才能避免不必要的麻烦，同时加强各方的联系，提高经济效益。

3.1　船舶租用合同的概念和种类

船舶租用合同，是指出租人向承租人提供船舶或舱位，由承租人按照约定使用，并向出租人支付租金的合同。

船舶租用合同转移的是标的物——船舶的使用权和收益权，船舶所有权不发生改变。船舶所有人、船舶经营人及船舶承租人，都可以成为船舶出租人。

在实践中，船舶租用合同可分为航次租船合同、定期租船合同和光船租赁合同。

小资料 3-1　　　　　　　关于船舶租购合同的性质

船舶租购合同指船舶出租人向承租人提供不配备船员的船舶，由承租人占有和运营，在约定的期间届满后转移船舶所有权，承租人支付租购费用的一种合同。

3.2　航次租船合同

3.2.1　航次租船合同的定义

《海商法》第九十二条规定，航次租船合同（voyage charter party），指船舶出租人向承租人提供船舶或船舶的部分舱位，装运约定的货物，从一港运至另一港，由承租人支付约定运费的合同。关于合同的订立形式，《中华人民共和国民法典》规定："当事人订立合同，可以采用书面形式、口头形式或者其他形式。"

3.2.2 航次租船合同的特点

1）出租人负责船舶营运并负担费用

航次租船合同中的船舶由出租人雇用的船长和船员营运。船舶营运费（如燃料费、港口费）以及船舶的维持费用（如船员工资、伙食、船舶维修保养、保险、检验等费用），通常由出租人负担。

2）航次租船合同适合不定期的货物运输

航次租船合同适合不定期的货物运输，运送货物的名称、种类、数量以及航线、装卸港口、运送时间等都由承租人提供。

3）承租人可以全舱或非全舱租用

承租人可以全舱或非全舱租用。承租人全舱租用时，运费一般按包船运费（lump sum freight）整笔计算，但是装货数量不得超过船舶的载重能力。

4）出租人对船舶及货物负责

出租人不仅负有船舶适航、维持船舶有效状态的义务，而且对货物负有装载等义务，但按约定由承租人负责装载等的除外。

5）按照规定计算滞期费和速遣费

滞期费是指不是由于出租人的原因，承租人无法在规定的装卸期限内完成货物装卸作业，向出租人支付的与船舶延误相关的款项。

速遣费是指承租人在合同的装卸期前完成装卸，出租人向承租人支付的款项。

在实践中，航次租船合同的内容比较固定，一般包括表3-1中的内容。

3.2.3 航次租船合同的格式

常用的航次租船合同格式有：

（1）《统一杂货租船合同》（Uniform General Charter），租约代号"金康"（GENCON）。

（2）《油船航次租船合同》（Tanker Voyage Charter Party），租约代号"ASBATANKVOY"。

（3）《煤炭航次租船合同》（Coal Voyage Charter Party），租约代号"POLCOALVOY"。

（4）《澳大利亚谷物租船合同》（Australian Grain Charter Party），租约代号"AUSTRAL"。

（5）其他，如《巴尔的摩C式》。

以上是目前国际上各国经常采用的航次租船合同格式，这些航次租船合同格式适用的对象各有不同，但也有许多内容是相同的（如图3-1所示）。

表3-1　　　　　　　　　　　航次租船合同的内容

航次租船合同的内容	出租人、承租人的名称、船名、船舶国籍、载货重量、容积条款
	货物名称条款
	装卸货港口、受载期限、装卸期限条款
	运费、滞期费、速遣费条款
	留置权条款
	合同的解除条款
	承租人的责任终止条款
	互有责任碰撞条款
	共同海损条款
	提单条款
	罢工条款
	战争条款
	佣金条款
	仲裁条款等

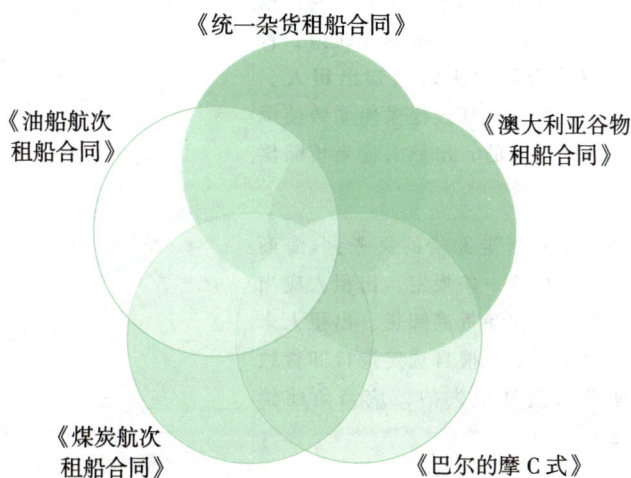

《统一杂货租船合同》

《油船航次租船合同》

《澳大利亚谷物租船合同》

《煤炭航次租船合同》

《巴尔的摩C式》

图3-1　常用的航次租船合同格式之间的关系

3.2.4　航次租船合同当事人的权利、义务

在航次租船合同中，当事人享有不同的权利，并且有不同的义务（见表3-2）。

表3-2   航次租船合同中当事人的权利、义务

出租人		承租人	
权利	义务	权利	义务
向承租人收取约定的运费	提供适航船舶的义务：《海商法》第九十六条规定，出租人应当提供约定的船舶。经承租人同意的，出租人可以更换船舶。但是，出租人提供的船舶或者更换的船舶不符合合同约定的，承租人有权拒绝或者解除合同。因出租人过失未提供约定的船舶致使承租人遭受损失的，出租人应当负赔偿责任	转租的权利	提供约定货物的义务：《海商法》第一百条规定，承租人应当提供约定的货物；经出租人同意，承租人可以更换货物。但是，更换的货物对出租人不利的，出租人有权拒绝或者解除合同。因未提供约定的货物致使出租人遭受损失的，承租人应当负赔偿责任
请求给付滞期费的权利	按期提供船舶的义务：如出租人在约定的受载期限内未能提供船舶，依照《海商法》第九十七条的规定，承租人有权解除合同。不过，在执行中应该注意区分下列情况：①承租人未提出解除合同，船舶应继续驶往约定地点。②出租人将船舶延误情况和船舶预期抵达装货港的日期通知承租人的，承租人应当自收到通知起48小时内，将是否解除合同的决定通知出租人。③因出租人过失延误提供船舶致使承租人遭受损失的，出租人应当负赔偿责任	请求给付速遣费的权利	支付运费的义务
—	在约定的卸货港卸货的义务：《海商法》第一百零一条规定，出租人应当在合同约定的卸货港卸货。出租人未按照合同约定，擅自选定港口卸货致使承租人遭受损失的，应当负赔偿责任	—	支付滞期费的义务

小资料3-2   关于航次租船合同性质的争论

    有人认为，对于航次租船合同，船舶由出租人雇用的船长和船员控制，因而它不是财产租赁合同，而是货物运输合同。《海商法》将"航次租船合同的特别规定"放在第四章"海上货物运输合同"中加以规定。也有人认为，航次租船合同是

一种财产租赁合同，理由是船舶的全部或部分舱位的使用权为承租人享有，航期和航程由承租人确定，航次租船合同仍是财产租赁合同的性质。

3.3　定期租船合同

3.3.1　定期租船合同的定义

定期租船合同（time charter party）又称期租合同，《海商法》第一百二十九条规定，定期租船合同是指船舶出租人向承租人提供约定的由出租人配备船员的船舶，由承租人在约定的期间内按照约定的用途使用，并支付租金的合同。

3.3.2　定期租船合同的特点

1）出租人、承租人分工对船舶的管理

出租人主要负责提供船舶及船舶本身的营运，包括机械、补给、船长、船员的配备和航行安全。承租人主要负责船舶的商业使用，包括货物运输地点的指定以及货物的提供、装卸、保管、处理等。

2）出租人、承租人分担相关费用

出租人负担船舶的营运成本，包括船舶建造成本、船员的工资、船舶的维修保养费用、船舶保险费、船舶的备件和补给费用、船舶管理费用等；承租人负担航运使用成本，包括货物装卸费、燃油费、港口费、拖轮费、领港费、运河费、运费税等。

3）承租人根据合同约定的租期长短计付租金

承租人在租期内取得整艘出租船舶舱位的使用权，不论是否实际使用了出租船舶，都必须依约支付租金。

3.3.3　定期租船合同的格式

目前，国际上常用的定期租船合同格式是《定期租船合同》格式和《统一定期租船合同》格式（见表3-3）。

3.3.4　定期租船合同的主要内容

关于定期租船合同的内容，《海商法》第一百三十条规定："定期租船合同的内容，主要包括出租人和承租人的名称、船名、船籍、船级、吨位、容积、船速、燃油消耗、航区、用途、租船期间、交船和还船的时间和地点以及条件、租金及其支付，以及其他有关事项。"定期租船合同中通常订有的条款见表3-4。

表 3-3 国际上常用的定期租船合同格式

名称	《定期租船合同》（Time Charter），租约代号"土产格式"（Produce Form）	《统一定期租船合同》（Uniform Time Charter），租约代号"波尔的摩"（BALTIME）
制定者	美国纽约土产交易所（New York Produce Exchange，NYPE）	波罗的海国际航运公会
制定时间	1913年	1909年
修订情况	分别在1921年、1931年、1946年、1981年和1993年进行修订	分别在1910年、1912年、1920年、1939年、1950年、1974年和2001年进行修订
优点	该格式为各国普遍使用	比较保护出租人的利益

表 3-4 定期租船合同的内容

定期租船合同的内容	船舶说明条款
	交船条款
	租期条款
	合同解除条款
	货物条款
	航行区域条款
	出租人提供的事项条款
	承租人提供的事项条款
	支付条款
	还船条款
	停租条款
	出租人的责任与免责条款
	赔偿条款
	转租条款
	共同海损条款
	有关碰撞条款
	战争条款
	仲裁条款
	佣金条款

3.3.5　定期租船合同当事人的权利和义务

应当注意，在定期租船合同中，出租人和承租人的权利和义务相互对应（见表3-5）。

表3-5　　　　　　　　　　定期租船合同当事人的权利和义务

出租人		承租人	
权利	义务	权利	义务
收取租金权和撤船权：①承租人没有按照合同约定支付租金，出租人有权解除合同，并有权要求赔偿因此遭受的损失（《海商法》第一百四十条）。②出租人可以行使撤船权。③合同可以规定撤船警告期	交船义务：《海商法》第一百三十一条第一款规定，出租人应当按照合同约定的时间交付船舶。"因出租人过失延误提供船舶致使承租人遭受损失的，出租人应当负赔偿责任"（《海商法》第一百三十一条第三款）	指挥船长的权利	支付租金的义务
船舶所有权的转让权与留置权：对于船舶所有权的转让，出租人应当及时通知承租人。留置权，即承租人未向出租人交付租金或者合同约定的其他款项，出租人对船上属于承租人的货物和财产以及转租船舶的收入有留置权（《海商法》第一百四十一条）	提供相符要求的船舶	转租权	按约定使用船舶的义务，包括：①在合同约定的航行区域内营运。②保证货物合法
—	维修船舶的义务	停租权：《海商法》第一百三十三条第二款规定，船舶不符合约定的适航状态或者其他状态而不能正常营运连续满二十四小时的，对因此而损失的营运时间，承租人不付租金，但是上述状态是由承租人造成的除外	负责装卸货物的义务：国际互保协会于1970年拟定了一个"协会内部协议"（ICA），确定了出租人和承租人的责任分担为：①船舶不适航引起的货损，由出租人负责；②装卸操作不当引起的货损，由承租人负责；③货物短少的责任，双方各自承担一半；④操作不当引起的货损，双方各自承担一半

续表

出租人		承租人	
权利	义务	权利	义务
—	出租人通知船舶转让的义务：船舶转让涉及已经租出的船舶所有权，定期租船合同约定的当事人的权利和义务不受影响，但是，应当及时通知承租人	船舶留置权	承担与船舶营运有关的物料和费用的义务
—	—	—	还船的义务：《海商法》第一百四十二条规定，承租人向出租人交还船舶时，该船舶应当具有与出租人交船时相同的良好状态，但是，船舶本身的自然磨损除外。船舶未能保持与交船时相同的良好状态的，承租人应当负责修复或者给予赔偿。其第一百四十三条规定，超期期间，承租人应当按照合同约定的租金率支付租金；市场的租金率高于合同约定的租金率的，承租人应当按照市场租金率支付租金

小资料3-3　　　　　　　　　　关于对定期租船合同性质的不同认识

　　关于定期租船合同的性质，理论界没有定论。有的观点认为定期租船合同是财产租赁合同。也有一些观点认为，定期租船合同具有财产租赁合同和运输合同双重性。[1]关于财产租赁合同，根据我国民法规定，财产租赁合同标的物的占有权和使用权要从出租人转移至承租人。然而，定期租船合同的船舶在租期内仍由出租人通过其雇用的承运人占有，因此，定期租船合同不符合财产租赁合同的要求。但是，在定期租船合同的情况下，船舶在租期内由承租人按照约定的用途使用。因此，在

---

　　① 司玉琢. 海商法［M］. 北京：法律出版社，2003.

标的物的使用上，定期租船合同与财产租赁合同有一定的相同之处。关于货物运输合同，通常情况下，定期租船合同主要是关于货物运输的规定，因而，定期租船合同具有海上货物运输合同的某些特征。上述各种情况的复杂性，导致关于定期租船合同的性质一直没有定论。

3.4　光船租赁合同

3.4.1　光船租赁合同的定义

光船租赁合同（bareboat charter party/charter party by demise）又称光船租船合同。《海商法》第一百四十四条规定："光船租赁合同，是指船舶出租人向承租人提供不配备船员的船舶，在约定的期间内由承租人占有、使用和营运，并向出租人支付租金的合同。"

3.4.2　光船租赁合同的特点

（1）光船租赁合同的出租人只负责提供船舶本身。承租人负责雇用承运人并且支付工资，负责船用燃料、物料、给养、维修费用及船舶的保险等其他费用开支，并承担船舶营运中所发生的风险和责任。

（2）光船租赁合同的出租人转移出租船舶的占有权、使用权和收益权给承租人，而保留了处分权。

（3）光船租赁合同所涉及的债权——承租权，具有物权的属性。基于民法上"买卖不破除租赁"的原则，该承租权不因出租人转让船舶所有权给第三人而受影响。

（4）光船租赁合同所涉及的光船租赁权的设立、转移和消灭应当办理登记。未经登记的，出租人不得以光船租赁合同对抗第三人。

3.4.3　光船租赁合同的格式

关于光船租赁合同的格式，目前国际上广泛使用的是波罗的海国际航运公会于1974年制定的《标准光船租赁合同》（Standard Bareboat Charter），租约代号为"贝尔康"（BARECON）。《标准光船租赁合同》经过了1989年和2001年两次修订。2001年修订后的格式由五个部分组成：第一部分和第二部分是光船租赁的基本条款，第三部分是新造船舶光船租赁的附加条款，第四部分是光船租购的附加条款，

第五部分是光船租赁合同登记的附加条款。①

3.4.4 光船租赁合同的主要内容

光船租赁合同与定期租船合同有很多相同或者相似之处。《海商法》第一百四十五条规定："光船租赁合同的内容，主要包括出租人和承租人的名称、船名、船籍、船级、吨位、容积、航区、用途、租船期间、交船和还船的时间和地点以及条件、船舶检验、船舶的保养维修、租金及其支付、船舶保险、合同解除的时间和条件，以及其他有关事项。"在实践中，光船租赁合同的主要内容见表3-6。

表3-6　　　　　　　　　　　　　光船租赁合同的内容

光船租赁合同的内容	说明条款
	交船条款
	使用与保养条款
	检查条款
	租金条款
	抵押条款
	保险条款
	还船条款
	合同的转让与船舶转租条款
	出租人和承租人权益的保护条款
	留置权条款
	救助报酬、共同海损、提单、船舶征用、战争、佣金、法律适用和仲裁条款等

3.4.5 光船租赁合同当事人的权利和义务

光船租赁合同当事人的权利和义务也是明确和具体的（见表3-7）。

---

① 司玉琢. 海商法［M］. 北京：法律出版社，2003.

表3-7　　　　　　　　　　　　　光船租赁合同当事人的权利和义务

出租人		承租人	
权利	义务	权利	义务
收取租金的权利和撤船权	交船义务：出租人应当在合同约定的港口或者其他地点，按照合同约定的时间，向承租人交付船舶以及船舶证书。交船时，出租人应当做到谨慎处理，使船舶适航。交付的船舶应当适合于合同约定的用途（《海商法》第一百四十六条）	船舶使用权	照料船舶的义务：《海商法》第一百四十七条规定，在光船租赁期间，承租人负责船舶的保养、维修
在租期期间检查船舶的权利	不得抵押船舶的义务：出租人在光船租赁期间，未经过承租人事先的书面同意，不得对船舶设立抵押	雇用船长、船员控制船舶的权利	不得转租的义务：未经出租人书面同意，承租人不得转让合同的权利和义务或者以光船租赁的方式将船舶进行转租（《海商法》第一百五十条）
—	因船舶所有权争议或者出租人所负债务导致船舶被扣押的，出租人应当保证承租人的利益不受到影响	—	正确使用船舶
—	—	—	支付租金的义务：《海商法》第一百五十二条第一款规定，承租人应当按照合同约定支付租金。承租人未按照合同约定的时间支付租金连续超过七日的，出租人有权解除合同，并有权要求赔偿因此遭受的损失。《海商法》第一百五十二条第二款规定，船舶发生灭失或者失踪的，租金应当自船舶灭失或者得知其最后消息之日起停止支付，预付租金应当按照比例退还
—	—	—	不得设定船舶留置权

小资料3-4　　　　　　　　　光船租赁合同关系的建立原因

在国际航运市场上，一些拥有船舶的发达国家因本国船员工资上涨等原因，营运成本增加；一些发展中国家的航运企业拥有丰富的劳动力资源，但缺乏资金建造或购买船舶。两者容易建立起光船租赁关系。

在国际航运市场上，国家之间发展不平衡。中国可以发挥航运大国的积极作用，帮助广大发展中国家加快发展。习近平总书记在党的"二十大"报告中指出："中国愿加大对全球发展合作的资源投入，致力于缩小南北差距，坚定支持和帮助广大发展中国家加快发展。"

本章小结

船舶租用合同所转移的是标的物——船舶的使用权和收益权，而船舶所有权的归属则不发生改变，因此船舶所有人、船舶经营人甚至是船舶承租人都可以成为出租人。

船舶租用合同可分为航次租船合同、定期租船合同和光船租赁合同。这些不同类型的合同的当事人的权利、义务并不相同。《海商法》规定的船舶租用合同包括定期租船合同和光船租赁合同两类。

关于航次租船合同的性质，理论界没有定论。一种观点认为航次租船合同不是财产租赁合同，而是货物运输合同；另一种观点认为航次租船合同仍是一种财产租赁合同。

主要概念

航次租船合同　滞期费　速遣费　定期租船合同　光船租赁合同

基础训练

▲ 选择题

（1）承租人可以租用船舶的全部舱位或者部分舱位，运费绝大多数情况下按（　　）计算。

　　A.整笔运费　　　　B.货物数量　　　　C.货物质量　　　　D.货物种类

（2）承租人与出租人签订航次租船合同后，如果承租人不再需要已租用的船舶，则（　　）。

　　A.可以解除合同　　　　　　　　B.不可以转租

　　C.可以转租　　　　　　　　　　D.可以转租或者解除合同

（3）我国法律规定，承租人未按照合同约定支付租金，（　　）出租人可以行使撤船权。

　　A.无须承租人的同意　　　　　　B.需要承租人的同意

　　C.需要承租人有过失　　　　　　D.无须承租人有过失

（4）定期租船合同常常约定，承租人有权因出租人未退还超额支付的租金或者因出租人违约造成的损失，而对船舶行使（　　）。

A.优先权　　　　　　B.抵押权　　　　　C.所有权　　　　　D.留置权

（5）光船租赁的出租人负责（　　）。

A.雇用船长、船员　　　　　　　　B.支付工资

C.提供船舶　　　　　　　　　　　D.负责船用其他费用开支

▲ 判断题

（1）在船舶租用合同中，船舶所有人、船舶经营人、船舶承租人都可以成为出租人。　　　　　　　　　　　　　　　　　　　　　　　　　　　　　（　　）

（2）航次租船合同由出租人支付运费，方式有两种，即运费预付和运费到付。

（　　）

（3）1994年修订的《统一杂货租船合同》在很多条款上比较明显地维护承租人的利益。　　　　　　　　　　　　　　　　　　　　　　　　　　　　　（　　）

（4）光船租赁合同的出租人转移出租船舶的占有权、使用权和收益权给承租人，而基于船舶所有权人的地位保留处分权。　　　　　　　　　　　　　（　　）

（5）在光船租赁期间，出租人负责船舶的保养、维修。　　　　　（　　）

▲ 简答题

（1）简述定期租船合同的内容。

（2）简述光船租赁合同的特点。

案例分析

原告：中嘉（新加坡）有限公司（SINO-ADD（SINGAPORE）PTE.LTD.）

被告：喀亚瓦沙资源有限公司（KARAWASHA RESOURCES LTD.）

2001年3月15日，原被告签订货物买卖合同，约定：原告向被告购买印度铁矿石6万吨（±10%买方选择），装货港为印度GOA（果阿地区）的PANAJI（帕纳吉港）或MORMUGAO（莫尔穆加奥港），卸货港为中国（待装运船舶确认后宣布具体港口），装运时间为2001年5月（承载期为2001年5月8日至15日），货物价格为离岸价格装船平舱（FOBST）每千吨16.64美元，以每吨最大含水量7%计，总值为928 512（±10%）美元。

2001年4月24日，原告通知被告已确定由"MV V-TRADE"（即"V-贸易"）船承运合同项下货物，船舶预计5月10日抵达帕纳吉港；但被告以该时间另有船舶在港口装货为由加以拒绝，并提出将承载期改为5月13日至20日，且保证在新的承载期内如期装运。鉴于此，原被告协商同意承载期为5月13日至20日，装货率每天2万吨，休息日、节假日包括在内，滞期费每天8 000美元，速遣费减半，装

货船舶"MV ANGEL SPIRIT"（即"天使精神"）船，预计抵达帕纳吉港时间为5月14日。在双方变更买卖合同中的运输条款并达成上述协议后，原告遂于4月27日与案外人巴拿马昌运公司签订航次租船合同。租船合同签订后，被告又要求将装运地改为莫尔穆加奥港锚地，原告同意。5月13日20：30，"天使精神"船抵达莫尔穆加奥港，向港口当局递交了"装卸准备就绪通知书"。5月17日零时，"天使精神"船开始装货，5月20日至6月1日，因风浪太大，无法装运，依被告指示，船舶在锚地等待。期间，被告曾要求将船舶驶往印度东海岸CHENNAI（清奈港），并保证在该港货物已备妥。6月1日，根据被告的指示，"天使精神"船转至清奈港，在该港待装数日无果，不得不于6月7日驶离该港，6月17日抵达中国防城港卸货。提单显示，该批货物的托运人为印度的伺咖哈挞公司，"天使精神"船仅在莫尔穆加奥港装载货物2万多吨。8月11日，应原告申请，北海海事法院依法扣押了由"天使精神"船载运的铁矿石共22 442.36吨，并于9月28日裁定将其变卖给云南昆钢集团进出口有限公司，得款3 654 658.79元。

鉴于上述租船载运情况，案外人巴拿马昌运公司在新加坡法院状告本案原告，要求赔偿有关损失，经申请，该法院于2001年6月20日冻结了原告70万美元的银行存款。9月19日，原告与昌运公司达成协议，由原告向其赔付55万美元，作为租船合同违约所致之有关运费、亏舱费、滞期费、改港费等损失的赔偿。9月26日，原告向其支付了该笔赔款。为此，原告请求北海海事法院判令被告赔偿其因租船运输所承担的财产损失55万美元及利息。

资料来源　伍载阳，倪学伟. 中国海商法年刊（2002）[M]. 大连：大连海事大学出版社，2003：388-396.

问题：本案系什么类型的纠纷？原告在北海海事法院提起对被告的诉讼，被告既不应诉，也不提出有关管辖权方面的异议，这意味着什么？本案实体纠纷的处理应适用什么法律？

实践训练

实训项目：实地租船训练项目。

具体组织与要求：请同学们在比较各类船舶租用合同的基础上，实施模拟租船训练项目：选择什么样的船舶租用形式，具体操作程序如何，可能会遇到什么困难或问题，可能要承担什么样的后果，纠纷如何处理等。

考核标准：从两个方面考核：一是评价模拟租船训练的书面材料准备情况；二是评价各人的实际操作情况（可以通过对话等方式完成）。

第4章

海上运输合同

学习目标

知识目标：了解海上货物运输合同、海上旅客运输合同的概念与特征；理解海上运输合同当事人各自的责任。

技能目标：能够应用运输单证的法律知识，掌握运输单证的相关应用技巧。

能力目标：能够灵活运用海上运输合同的基本知识进行实际操作，具有区分当事人的不同责任、正确解决海上运输合同纠纷的实际能力。

素养目标：能够全面理解与掌握海商法理论、制度及规则的价值和意义，坚持中国海商法律文化与法律制度的充分自信，自觉维护社会主义法治原则，以实际行动弘扬社会主义核心价值观。

引例　　　运输船舶延迟导致的赔偿责任

中国甲公司与美国乙公司于2018年10月2日以FOB天津价格签订了向美国出口一批纽约唐人街华人所需的春节用品的合同，乙公司通过银行开出信用证，规定的装船日期是2018年12月10日至31日，天津装运。乙公司所订船舶在来天津的途中与他船相撞，经过修理于2019年1月20日才完成装船。甲公司在出具保函的情况下换取了承运人签发的注明2018年12月31日装船的提单。船舶延迟到达目的港纽约，导致收货人丙公司与其他需方签订的供货合同均延迟履行，并导致一些需方向丙公司提出了索赔。本案发生纠纷的原因是什么？违反了法律的什么规定？丙公司是否应该赔偿？最终应该由谁承担赔偿责任？

资料来源　作者根据相关资料整理。

分析：海上运输在国际运输中占有非常重要的地位，如何规范海上运输秩序、保障海上运输有序开展、避免和解决纠纷与矛盾，海商法有一系列具体的规定。

在本案中，提单注明的装船日期早于实际装船日期，因此该提单属于倒签提单。而倒签提单是欺诈行为，为此行为出具保函是无效的。承运人倒签提单，实际上隐瞒了延迟交货的责任，应对收货人承担责任。

需要说明的是，在理论和实践中，要广泛践行社会主义核心价值观。社会主义核心价值观是凝聚人心、汇聚民力的强大力量。海上运输合同也应充分体现自由、平等、公正、法治、诚信等社会主义核心价值观的重要内容。同学们在学习海上运输合同的内容时，要结合社会主义核心价值观进行学习，才能对该章的内容领会透彻。

4.1 海上运输合同的概念和种类

随着经济贸易的快速发展，中国已经成为世界海事第一大国（涵盖航运、金融、法律、海事技术、港口物流等评估指标），海上运输合同也成为中国越来越重要的一种合同形式。

1）概念

海上运输合同，即以海上货物运输合同、多式联运合同、海上旅客运输合同为主要表现形式的合同。

2）种类

海上运输合同包括海上货物运输合同、多式联运合同、海上旅客运输合同（如图4-1所示）。

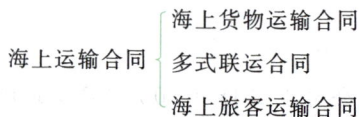

$$海上运输合同\begin{cases}海上货物运输合同\\多式联运合同\\海上旅客运输合同\end{cases}$$

图4-1 海上运输合同的种类

4.2 海上货物运输合同与多式联运合同

4.2.1 海上货物运输合同的定义

我国《海商法》第四十一条规定，海上货物运输合同，是指承运人收取运费，负责将托运人托运的货物经海路由一港运至另一港的合同。

值得注意的是，在我国，应当将海上货物运输合同与水路货物运输合同加以区分。因为，我国运输市场长期以来习惯于将国内内河和沿海的货物运输合同称为水路货物运输合同，成为独立于海上货物运输合同的一种合同，由专门的水路货物运输法律规范予以调整，如适用交通部于2000年8月28日发布、自2001年1月1日起施行的《国内水路货物运输规则》（根据2016年5月25日通过的《交通运输部关于废止20件交通运输规章的决定》，《国内水路货物运输规则》已被废止，废止决定自2016年5月30日起施行。虽然目前关于国内水路货物运输立法出现空白，但仍然不能适用《海商法》第四章"海上货物运输合同"的规定）。

4.2.2　海上货物运输合同的种类

根据不同的分类标准，海上货物运输合同可分为以下几类（如图4-2所示）：

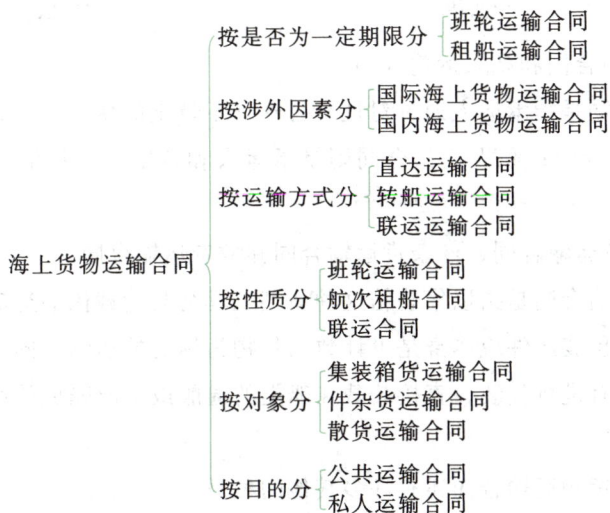

```
                          ┌ 按是否为一定期限分 ┬ 班轮运输合同
                          │                    └ 租船运输合同
                          │
                          ├ 按涉外因素分      ┬ 国际海上货物运输合同
                          │                    └ 国内海上货物运输合同
                          │
                          │                    ┌ 直达运输合同
                          ├ 按运输方式分      ┼ 转船运输合同
                          │                    └ 联运运输合同
海上货物运输合同          ┤
                          │                    ┌ 班轮运输合同
                          ├ 按性质分          ┼ 航次租船合同
                          │                    └ 联运合同
                          │
                          │                    ┌ 集装箱货运输合同
                          ├ 按对象分          ┼ 件杂货运输合同
                          │                    └ 散货运输合同
                          │
                          └ 按目的分          ┬ 公共运输合同
                                               └ 私人运输合同
```

图4-2　海上货物运输合同的种类

1）国内海上货物运输合同和国际海上货物运输合同

在同一国家（或地区）不同港口之间的货物运输是国内海上货物运输，又称为"沿海货物运输"，其合同表现形式是国内海上货物运输合同；而将货物从一国（或地区）港口运往另一国（或地区）港口的是国际海上货物运输，其合同表现形式是国际海上货物运输合同。

2）租船运输合同和班轮运输合同

租船运输合同的表现形式是租船合同。租船合同分为定期租船合同（期租合同）和航次租船合同（程租合同）。前者适用于期间，后者适用于航次。有的租船合同同时规定了租船期间和运输航次，这种合同称为"航次期租合同"，是期租合同的一种。

班轮运输合同以班轮提单为运输合同的一种合同形式证据，所以又被称为"提单下的海上货物运输合同"。班轮运输与航次租船运输有许多不同点（见表4-1）。

表 4-1 班轮运输与航次租船运输的不同点

名称	班轮运输	航次租船运输
主体	私人承运人	公共承运人
剩舱时	可接受他人的订舱装货	授受他人的订舱需要承租人同意
船舶要求	允许用替代船舶	按约定，不允许用替代船舶
费用	比较固定	协商
航线	比较固定	协商
货物装卸	由班轮公司安排	有装卸等的约定
调整依据	依法律	主要依合同

3）公共运输合同和私人运输合同

公共运输合同是指承运人通过对社会公众（不特定的多数人）公开发出要约的方式订立的运输合同；私人运输合同则是承运人和特定人直接洽谈后订立的运输合同。

4）集装箱货运输合同、件杂货运输合同和散货运输合同

集装箱货运输合同是指以集装箱这种新型工具为装货载体的运输合同。件杂货运输合同是指以包装成件或本身是可计数的货物为标的的运输合同。散货运输合同是指以装运前没有进行包装，直接装载在船上的通舱或货舱隔成的小舱中的货物为标的的运输合同。

此外，海上货物运输合同还有许多其他的种类。

4.2.3 海上货物运输合同的订立和解除

1）海上货物运输合同的订立

海上货物运输合同可以采用口头形式、书面形式或其他形式，但是航次租船合同应当以书面形式订立。合同书、信件、电报、电传和传真等具有书面效力。

2）海上货物运输合同的解除

（1）海上货物运输合同的约定解除。

约定解除，是指当事人协商一致对合同进行的解除。我国《海商法》没有对约定解除做出规定，但我国《民法典》规定，当事人协商一致可以解除合同，因此应该认为海上货物运输合同的双方约定解除合同是允许的。

（2）海上货物运输合同的法定解除。

第一，船舶在装货港开航前，托运人可以要求解除合同。除合同另有约定外，托运人应当向承运人支付约定运费的一半；货物已经装船的，托运人还应当负担装货、卸货和其他与此有关的费用。

第二，船舶在装货港开航前，因不可抗力或者其他不能归责于承运人和托运人的原因致使合同不能履行的，双方均可解除合同，互相不负赔偿责任。除合同另有约定外，运费已经支付的，承运人应当将运费退还给托运人；货物已经装船的，托运人应当承担装卸费用；已经签发提单的，托运人应当将提单退还给承运人。

第三，船舶开航以后，因不可抗力或者其他不能归责于承运人和托运人的原因，致使船舶不能在合同约定的目的港卸货的，除合同另有约定外，船长有权将货物卸载在目的港临近的安全港口或者地点，视为已经履行合同。船长决定将货物卸载的，应当及时通知托运人或者收货人，并考虑托运人或者收货人的利益。

4.2.4　承运人、托运人、收货人的权利

1）承运人的权利

（1）运费、亏舱费、滞期费等费用的请求权。

（2）货物留置权。我国《海商法》第八十七条规定："应当向承运人支付的运费、共同海损分摊、滞期费和承运人为货物垫付的必要费用以及应当向承运人支付的其他费用没有付清，又没有提供适当担保的，承运人可以在合理的限度内留置其货物。"对留置货物的处理，根据《海商法》第八十八条的规定，如果自船舶抵达卸货港的次日起60日内，留置的货物仍无人提取，承运人可向有管辖权的海事法院申请裁定拍卖；如果货物易腐烂变质，或货物的保管费用可能超过其价值，承运人可申请法院提前拍卖。拍卖所得价款，扣除货物在留置期间的保管费用和拍卖费用后，用于清偿运费以及应当向承运人支付的其他有关费用。不足的金额，承运人有权向货方追偿；剩余的金额，退还给货方；无法退还并且自拍卖之日起满1年仍无人领取的，上缴国库。

2）托运人的权利

托运人的权利主要表现为：要求承运人按照海上货物运输合同的约定，将货物安全运至卸货港，并交付给收货人；当承运人违约并造成其经济损失时，有依照合同的约定或法律的规定，向承运人或实际承运人请求损害赔偿的权利。此外，托运人的权利还有：要求承运人签发提单或其他运输单证；要求承运人中止运输、返还货物，变更卸货港或收货人。[①]

3）收货人的权利

我国《海商法》第四十二条规定，收货人是指有权提取货物的人。收货人的主要权利表现为：提取货物，以及在承运人不履行法定义务给其造成损失时请求损害赔偿。[②]

---

① 司玉琢. 海商法［M］. 北京：法律出版社，2003.
② 司玉琢. 海商法［M］. 北京：法律出版社，2003.

4.2.5 承运人、托运人、收货人的义务

承运人、托运人、收货人具有一定的权利，同时也承担相应的义务。

1）承运人的义务

（1）最低法定义务。在海上货物运输合同中，承运人有四项必须承担的义务，即适航、管货、不作不合理绕航、应托运人的要求签发提单。不能通过海上货物运输合同减除这四项义务，否则合同条款无效，但是可以增加承运人的其他义务。因此，这四项为最低法定义务。

（2）法定免责。我国《海商法》第五十一条规定了承运人的12项法定免责事由。这些免责在运输合同中只能减少不能增加，否则无效。这些法定免责又称最高法定免责。其分为过失免责的情况、无过失当然免责的情况两种。

过失免责的情况包括的内容有：①船长、船员、引航员或承运人的其他受雇人在驾驶船舶或管理船舶中的过失；②在海上救助或者企图救助人命或者财产。

无过失当然免责的情况包括的内容有：①火灾，但是由承运人本人的过失所造成的除外；②天灾、海上或其他可航水域的危险或意外事故；③战争或武装冲突；④政府或主管部门的行为、检疫限制或司法扣押；⑤罢工、停工或劳动受到限制；⑥托运人、货物所有人或他们的代理人的行为；⑦货物的自然特性或固有缺陷；⑧货物包装不良或标志欠缺、不清；⑨经谨慎处理仍未发现的船舶潜在缺陷；⑩非由于承运人或承运人的受雇人、代理人的过失造成的其他原因。

（3）延迟交付责任。《海商法》第五十条规定："货物未能在明确约定的时间内、在约定的卸货港交付的，为迟延交付。除依照本章规定承运人不负赔偿责任的情形外，由于承运人的过失，致使货物因迟延交付而灭失或者损坏的，承运人应当负赔偿责任。除依照本章规定承运人不负赔偿责任的情形外，由于承运人的过失，致使货物因迟延交付而遭受经济损失的，即使货物没有灭失或者损坏，承运人仍然应当负赔偿责任。承运人未能在本条第一款规定的时间届满60日内交付货物，有权对货物灭失提出赔偿请求的人可以认为货物已经灭失。"

（4）单位赔偿责任限制。它又称承运人单位责任限制（package limitation of liability），是将承运人的赔偿责任限制在一定数额范围内的一种规定。我国《海商法》第五十六条规定，承运人对货物灭失或损坏的赔偿限额，按照货物件数或其他货运单位数计算，每件或每个货运单位为666.67计算单位，或按照货物毛重计算，每千克为2计算单位，以两者中赔偿限额较高的为准。

（5）责任期间。它是指承运人对货物应付责任的期间。根据我国《海商法》第四十六条的规定，承运人对集装箱装运的货物，不论是承运人装箱，还是托运人自

行装箱，其责任期间为从装货港接收货物时起至卸货港交付货物时止，货物处于其掌管之下的全部期间；承运人对非集装箱装运的货物的责任期间，是指从货物装上船时起至卸下船时止，货物处于其掌管之下的全部期间。在责任期间发生的货物灭失或者损坏，除非法律另有规定，承运人应当承担赔偿责任。

（6）与实际承运人的责任分担。一般情况下，承运人仍需对全程运输负责。

2）托运人的义务

（1）支付运费的义务。我国《海商法》第六十九条第二款规定："托运人与承运人可以约定运费由收货人支付；但是，此项约定应当在运输单证中载明。"

（2）包装货物的义务。

（3）申报货物资料的义务。

（4）妥善托运危险货物的义务。我国《海商法》第六十八条规定，托运人托运危险货物，应当依照有关海上危险货物运输的规定，妥善包装，做出危险品标志和标签，并将其正式名称和性质以及应当采取的预防危害措施书面通知承运人。如果托运人擅自装运危险品，未做这种通知或通知有误，承运人可以在任何时间、任何地点，根据情况需要，将货物卸下、销毁或使之不能为害，而不负赔偿责任。托运人对承运人因此受到的损害应负赔偿责任。

（5）办理货物运输手续的义务。我国《海商法》第六十七条规定，托运人应当及时向港口、海关、检疫、检验和其他主管机关办理货物运输所需的各项手续，并将已办理各项手续的单证送交承运人。因办理各项手续的有关单证送交不及时、不完备或不正确，使承运人的权利受到侵害的，托运人应当负赔偿责任。

（6）托运人及其受雇人、代理人的赔偿责任。我国《海商法》第七十条规定："托运人对承运人、实际承运人所遭受的损失或船舶所遭受的损坏，不负赔偿责任；但是，这种损失或者损坏是由托运人或者托运人的受雇人、代理人的过失造成的除外。托运人的受雇人、代理人对承运人、实际承运人所遭受的损失或船舶所遭受的损坏，不负赔偿责任；但是，这种损失或者损坏是由托运人的受雇人、代理人的过失造成的除外。"

3）收货人的义务

（1）支付运费和其他费用的义务。如果约定运费由收货人支付，则收货人有支付到付运费的义务。

（2）及时收受货物的义务。我国《海商法》第八十六条规定，如果收货人在卸货港不提取货物，或者迟延提取货物，船长可将货物卸在仓库或者其他适当场所，由此产生的风险和费用由收货人承担。当货物可能灭失或损坏时，根据《海商法》第八十一条的规定，如果这种灭失或损坏是明显的，收货人应在承运人向其交付货物时，将这种灭失或损坏的情况书面通知承运人；如果是不明显的，收货人应自货物交付的次日起连续7日内，或自集装箱货物交付的次日起连续15日内提交书面通知。

国际海上货物运输的地位

海上货物运输是国际货物运输中最为重要的一种运输方式，占国际货物运输总量的90%以上。国际贸易主要从航海贸易发展而来，调整海上货物运输的法律和惯例也是调整其他运输方式的基础依据。

4.2.6　水路货物运输合同

我国2001年实施的《国内水路货物运输规则》第三条规定，水路货物运输合同是承运人收取运输费用，负责将托运人托运的货物经水路由一港（站、点）运至另一港（站、点）的合同。承运人和托运人是水路货物运输合同的当事人。水路货物运输合同的两种基本类型是班轮运输合同和航次租船合同。

水路货物运输合同主要用来调整合同主体的权利、义务和责任。水路货物运输合同主体的权利、义务和责任见表4-2。

4.2.7　多式联运合同

1）多式联运合同的概念

顾名思义，只要货物以两种以上的运输方式进行运输就可称为多式联运。但是，我国《海商法》所称的多式联运的范围较窄，其第一百零二条规定："本法所称多式联运合同，是指多式联运经营人以两种以上的不同运输方式，其中一种是海上运输方式，负责将货物从接收地运至目的地交付收货人，并收取全程费用的合同。"

《中华人民共和国民法典》第八百三十八至第八百四十二条也对多式联运合同做出了规定。当多式联运合同规定的货物接收地和目的地位于不同国家或地区时，这种合同为国际货物多式联运合同。

2）国际货物多式联运经营人的责任形式

多数情况下，货物的全程运输并非由承运人自行完成，多式联运经营人经常将全程或部分运输委托给他人，即由实际承运人或区段承运人完成。因此，如果货物在运输过程中发生损毁，便会产生是由多式联运经营人负责还是由实际承运人或区段承运人负责的问题，以及是依据同一标准还是依据不同的标准承担赔偿责任的问题。[①]一般来说，多式联运经营人的责任形式主要有责任分担制和单一责任制两种。

---

① 司玉琢. 海商法［M］. 北京：法律出版社，2003.

表4-2 水路货物运输合同主体的权利、义务和责任

承运人			托运人		
权利	义务（第三十至第三十四条）	责任	权利	义务	责任
运费、亏舱费、滞期费及其他费用的请求权	船舶适航义务	严格责任制	赔偿请求权	提供货物、妥善包装及正确申报	不履行合同义务或履行合同义务不符合约定的，应当承担继续履行、采取补救措施或赔偿损失等违约责任（第二十九条第一款）
货物留置权	依约定接收货物	无赔偿责任限制	签发运单请求权	及时办理手续	因不可抗力不能履行合同的，根据不可抗力的影响，部分或全部免除责任，迟延履行后发生不可抗力的，不能免除责任（第二十九条第二款）
—	妥善地管理货物	对活动物或有生植物和舱面上装载的货物的灭失或损坏可以免责（第五十四至五十五条）	中止运输、返还货物、变更卸货港或收货人请求权	妥善托运危险货物（第十七条）	—
—	无不合理绕航	—	—	支付运费及其他费用	—
—	依约定或没约定时在合理时间内将货物安全运达	—	—	除合同另有约定外，运输过程中需要饲养、照料的活动物、有生植物，以及尖端保密物品、稀有珍贵物品和文物、有价证券和货币等，应向承运人申报并随船押运；押运其他货物应经承运人同意；应在运单内注明押运人员的姓名和证件号（第二十二条）	—
—	—	—	—	托运易腐货物和活动物、有生植物时，应与承运人约定运到期限和运输要求。使用冷藏船（舱）装运易腐货物的，应在订立合同时确定冷藏温度（第二十四条）	—

（1）责任分担制。它是指多式联运经营人和区段承运人仅对自己承担的运输负责，各区段适用的责任原则按适用于该区段的法律确定。

（2）单一责任制。其包括：

第一，网状责任制。它是指多式联运经营人对全程运输负责，各区段责任适用区段的法律。因此，不论货物损坏发生在哪一运输区段，托运人或收货人既可向多式联运经营人索赔，也可向损害发生区段的区段承运人索赔。不能确定损害发生区段的，只能向多式联运经营人索赔。[①]

第二，统一责任制。它是指多式联运经营人对全程运输负责，无论事故在哪发生，都按一个统一的原则进行赔偿。

我国《海商法》第四章第八节"多式联运合同的特别规定"规定，国际货物多式联运经营人的责任形式是网状责任制。

调整国际货物多式联运合同的法律规范主要有《联合国国际货物多式联运公约》、《联合运输单证统一规则》与《多式联运单证规则》等。相比较而言，《联合国国际货物多式联运公约》规定的内容比较全面，见表4-3。

表4-3　　　　　　　　　　　《联合国国际货物多式联运公约》的内容

通过情况	公约于1980年5月在日内瓦召开的由84个联合国贸易和发展会议成员方参加的国际多式联运会议上通过
生效情况	尚未生效
公约的适用范围	公约适用于两个国家之间的货物多式联运合同，但合同中规定的多式联运经营人接收货物或交付货物的地点必须位于缔约国境内（第二条）
经营人的责任形式	原则上实行统一责任制
经营人的责任期间	自接收货物时起，至交付货物时止
赔偿责任原则	实行完全的过错推定责任原则
赔偿责任限制	赔偿责任限额为每件货物或每一运输单位920特别提款权（SDR），或按货物毛重计算，每千克2.75特别提款权，两者中以高者为准（第十八条）
责任限制的权利丧失	公约规定，经证明，货物灭失、损坏或迟延交付是多式联运经营人、其受雇人和代理人，或其为履行合同而使用的其他任何人的故意或明知可能造成损失而轻率地作为或不作为所引起的，便丧失上述责任限制规定的权利（第二十一条）

《联合运输单证统一规则》与《多式联运单证规则》也是调整国际货物多式联运合同的重要法律规范，经常为当事人所选择。其规定了多式联运经营人的责任形

---

① 司玉琢. 海商法［M］. 北京：法律出版社，2003.

式等内容（见表4-4）。

表4-4 《联合运输单证统一规则》与《多式联运单证规则》的内容

性质	相关内容	
制定者及制定时间	国际商会于 1973 年制定，1975 年修订	国际商会于1991年制定
经营人的责任形式	实行网状责任制	介于网状责任制和统一责任制之间
赔偿责任限额	按货物毛重计算，每千克30金法郎。但是，如发货人事先征得多式联运经营人的同意，已申报超过此限额的货物价值，并在多式联运单据上注明，则其赔偿责任限额为所申报的货物价值（规则十一C）	—
责任期间	自接收货物时起，至交付货物时止	自接收货物时起，至交付货物时止

4.3 提 单

我国《海商法》第七十一条规定："提单，是指用以证明海上货物运输合同和货物已经由承运人接收或者装船，以及承运人保证据以交付货物的单证。"

4.3.1 提单的种类

在海事实践中，根据不同的标准，提单往往可以分为很多种。

1）按提单上收货人的记载情况分

按提单上收货人的记载情况，提单可分为：①记名提单（straight B/L）。它是指提单上记载了收货人的名称。②不记名提单（bearer B/L）。它又称空白提单（blank/open B/L），是提单收货人一栏不作任何记载的提单。③指示提单（order B/L）。它是记载凭指示交货的提单。其中，记载了指示人名称的是记名指示提单，没有记载指示人名称的是不记名指示提单。不记名指示提单一般被理解为凭托运人的指示交货。

2）按货物是否已装船分

按货物是否已装船，提单可分为：①已装船提单（shipped/on board B/L）；②收货待运提单（received for shipment B/L）。

3）按提单上有无货物不清洁批注分

按提单上有无货物不清洁批注，提单可分为：①清洁提单（clean B/L）。它是货物的外表状况良好（in apparent good order and condition）的提单。②不清洁提单（unclean/foul B/L）。它是记载了货物不良状况的提单。

实践中，在接收托运人提供的货物时，如货物或其包装明显有缺陷，货物外表状况不良，大副在签发大副收据（mate's receipt）时，应该对此做出记载，即批注（remarks），如"包破"（bags torn）、"内装货物外露"（content exposed）、"污损"（stained）、"锈蚀"（rust）等。承运人、船长或者承运人的代理人根据大副收据签发提单时，便可以将这种批注转移至提单上，这样提单便成为不清洁提单。对于不清洁提单，承运人在目的港交货时，只要货物的损坏不超出批注的范围，即不负赔偿责任。[①]

4）按背面条款分

按背面条款，提单可分为：①全式提单；②简式提单。

5）按运输方式分

按运输方式，提单可分为：①直达提单；②转船提单；③联运提单。

6）按付款方式分

按付款方式，提单可分为：①运费预付提单；②运费到付提单。

此外，还有以下一些特殊提单：①倒签提单；②预借提单；③舱面货提单；④包裹提单；⑤交换提单；⑥最低运费提单；⑦合并提单；⑧并装提单；⑨分提单；⑩简式提单。

4.3.2　提单的内容

提单的内容一般包括正面记载事项和背面条款两部分。

1）正面记载事项

我国《海商法》第七十三条规定，提单正面记载事项为11项：①货物的品名、标志、包数或者件数、重量或者体积，以及运输危险货物时对危险性质的说明；②承运人的名称和主营业所；③船舶名称；④托运人的名称；⑤收货人的名称；⑥装货港和在装货港接收货物的日期；⑦卸货港；⑧多式联运提单增列接收货物地点和交付货物地点；⑨提单的签发日期、地点和份数；⑩运费的支付；⑪承运人或者其代表的签字。

提单缺少前述一项或者几项内容，不影响提单的性质，但提单应符合《海商法》第七十一条有关提单定义的规定。

2）背面条款

提单背面条款通常包括：①定义（definition）条款；②管辖权（jurisdiction）与法律适用（applicable law）条款；③首要条款（paramount clause），是指提单中

---

① 司玉琢. 海商法［M］. 北京：法律出版社，2003.

指明提单受某一国际公约或者某一国内法制约的条款；④承运人责任（carrier's responsibility）条款；⑤运费及其他费用（freight and other charges）条款等。

2009年2月16日最高人民法院通过的《关于审理无正本提单交付货物案件适用法律若干问题的规定》对提单问题作了一些补充规定，如第四条规定：承运人因无正本提单交付货物承担民事责任的，不适用《海商法》第五十六条关于限制赔偿责任的规定。

4.3.3 海运单

海运单（sea waybill，SWB），又称运单（waybill，W/B），是表明海上货物运输合同和货物由承运人接收装船，保证将货物交给记名的收货人的一种不可流通（non-negotiable）的单证。

与传统的提单相比，海运单最显著的特点是不具有流通性。根据这一特点，收货人提货时无须凭海运单，而只需证明其身份，即证明自己是海运单上载明的收货人即可。这一特点使得海运单具有便于实现快速提货的优点。当然，海运单的这一特点也使得非法得到海运单的人无法据以提货，从而避免了海运单因被窃或者遗失而对承运人、托运人或者收货人的利益造成损害的风险。[①]

4.3.4 电子提单

电子提单（electronic bill of lading），指通过电子形式存在的有关海上货物运输合同的数据（data）。

小资料4-2　　　　　　　　　　　　　　　　　　提单的性质

在英美的海商法著作和法院判例中，普遍认为提单是"document of title"。

我国海商法理论界对"document of title"，有的理解为"物权凭证"，有的理解为"所有权凭证"，有的理解为"权利凭证"。

4.4　海上旅客运输合同

根据我国《海商法》第一百零七条的规定，海上旅客运输合同是指承运人以适合运送旅客的船舶，经海路将旅客及其行李从一港运至另一港，由旅客支付票款的合同。

---

① 司玉琢. 海商法［M］. 北京：法律出版社，2003：143.

　　　　　　　　　　　　　　　客票的功能

　　客票是承运人签发的证明海上旅客运输合同已经成立的凭证。它具有多重法律作用：①是合同的凭证；②是支付运费的凭证；③是乘船的凭证；④是索赔的凭证；⑤可以转让。

4.4.1　承运人的主要权利、义务

　　1）承运人的主要权利

　　在海上旅客运输合同中，承运人享有以下主要权利：①收取票款的权利；②旅客的行李留置权；③开航权；④维持秩序权等。

　　2）承运人的主要义务

　　在海上旅客运输合同中，承运人的主要义务有：①保持船舶适航；②提供适当的舱位和服务；③按时开航；④安全运送等。

4.4.2　承运人的赔偿责任

　　1）承运人的责任基础

　　承运人的赔偿责任是承运期间对造成的旅客人身伤亡和行李灭失、损坏应负的法律责任。责任期间是自旅客登船时起至离船时止的一段期间。

　　在海上旅客运输合同中，承运人责任采取的是"部分的过失推定责任制"。

　　2）赔偿责任的免除和减轻

　　（1）经承运人证明，旅客的人身伤亡或者行李的灭失、损坏，是由旅客本人的过失造成的，可以免除承运人的赔偿责任。

　　（2）经承运人证明，旅客的人身伤亡或者行李的灭失、损坏，是由旅客和承运人的共同过失造成的，可以相应减轻承运人的赔偿责任。

　　（3）经承运人证明，以上损失是由旅客本人故意造成的，或者旅客的人身伤亡是由旅客本人的健康状况造成的，承运人不负赔偿责任。

　　3）赔偿责任的限额

　　承运人在每次海上旅客运输中的赔偿责任限额，应当按照我国《海商法》第一百一十七条的具体规定执行：①旅客人身伤亡的，每名旅客不超过46 666计算单位；②旅客自带行李灭失或者损坏的，每名旅客不超过833计算单位；③旅客车辆，包括该车辆所载行李灭失或者损坏的，每一车辆不超过3 333计算单位；④旅客的其他行李灭失或者损坏的，每名旅客不超过1 200计算单位。

　　承运人可以和旅客约定对旅客车辆及其以外的其他行李损失的免赔额。但是，

对每一车辆损失的免赔额不得超过117计算单位，对每名旅客的车辆以外的其他行李损失的免赔额不得超过13计算单位。在计算每一车辆或者每名旅客的车辆以外其他行李的损失赔偿数额时，应当扣除约定的承运人免赔额。不过，承运人和旅客可以书面约定高于法定的赔偿责任限额。

小资料4-4　　　　　　　　　　海上旅客运输合同中的不公平条款无效

对于海上旅客运输合同中的不公平条款，通常采取否定态度。我国《海商法》第一百二十六条对海上旅客运输合同中不公平的免责条款的无效进行了强制性规范："海上旅客运输合同中含有下列内容之一的条款无效：（一）免除承运人对旅客应当承担的法定责任；（二）降低本章（海上旅客运输合同）规定的承运人责任限额；（三）对本章规定的举证责任做出相反的约定；（四）限制旅客提出赔偿请求的权利。前款规定的合同条款的无效，不影响合同其他条款的效力。"

4.5　国际公约的规定

4.5.1　调整海上货物运输合同的条约

调整海上货物运输合同的条约主要有三个：《海牙规则》、《海牙-维斯比规则》和《汉堡规则》。这三个条约的关系非常密切，内容交织。

1）《海牙规则》

19世纪早期，英美法系和大陆法系的海商法一般规定无过错责任制度，承运人对货物损害承担绝对责任。19世纪中后期，承运人为躲避绝对责任，便利用合同自由原则，将货物运输的所有风险都转移给客户，造成客户的绝对责任，货主意见极大。因此，各国限制海运合同中免责条款的呼声日渐高涨。

1893年，美国制定了《关于船舶航行、提单以及与财产运输有关的某些义务、职责和权利的法案》（An Act Relating to Navigation of Vessels，Bills of Lading，and to Certain Obligations，Duties，and Rights in Connection with the Carriage of Property），即《哈特法》（The Harter Act）。该部法律对承运人的合同自由原则进行了一定的限制。

1924年，国际法协会、国际海事委员会等牵头制定《统一提单的若干法律规则的国际公约》，即《海牙规则》（The Hague Rules），于1931年6月2日正式生效。该规则对承运人的合同自由做出了一定的限制。

2）《海牙-维斯比规则》

在国际海事委员会的主持下，1968年起草通过了《维斯比议定书》（The Visby

Protocol）。

《维斯比议定书》是对《海牙规则》进行的局部修正，修正以后的文件称为《海牙-维斯比规则》（The Hague-Visby Rules）。该规则于1977年6月23日生效。

3）《汉堡规则》

为进一步平衡各方的利益，1978年，联合国主持制定了《联合国海上货物运输公约》，即《汉堡规则》（The Hamburg Rules），于1992年11月2日生效。

《汉堡规则》对承运人的责任规定更加严格，因此相对来说，对货主比较有利。但是在公约的起草、通过过程中，为了争取发达国家的支持，仍然加入了不少妥协的条款，因此，《汉堡规则》虽然在很大程度上反映了发展中国家的利益和愿望，但仍然是一个妥协的产物。[①]

综上所述，《海牙规则》、《海牙-维斯比规则》和《汉堡规则》在国际上的影响非常广泛，我国虽然没有参加其中任何一个，但它们对我国的立法与司法实践有着重大影响（见表4-5）。

表4-5　　　　　　　调整海上货物运输合同的条约与《海商法》的对比

名称	《海牙规则》	《海牙-维斯比规则》	《汉堡规则》	《海商法》
通过时间	1924年	1968年	1978年	1992年
生效时间	1931年	1977年	1992年	1993年
承运人的义务	适航义务 管货义务 不得不合理绕航	适航义务 管货义务 不得不合理绕航	承运人对灭失、损坏以及延迟交付负赔偿责任	适航义务 管货义务 不得不合理绕航
承运人责任期间	"钩到钩"	"钩到钩"	收货到交货	集装箱："钩到钩" 非集装箱：收货到交货
承运人免责	包括"航行过失"在内的17项	包括"航行过失"在内的17项	取消了"航行过失"免责	包括"航行过失"在内的12项
延迟交付责任	无	无	赔偿运费的2.5倍	赔偿相当运费
承运人责任限制	每件或每单位100英镑	每件或每单位1 000金法郎，或每千克30金法郎，以高者为准	每件或每单位835特别提款权或每千克2.5特别提款权，以高者为准	每件或每单位666.67特别提款权或每千克2特别提款权，以高者为准
诉讼时效	1年	1年，双方可协商延长，对第三者的追偿还有3个月的宽限期	2年，双方可协商延长，对第三者的追偿还有90日的宽限期	1年，对第三者的追偿还有90日的宽限期

① 屈广清. 海商法学［M］. 北京：中国民主法制出版社，2005：107-108.

值得注意的是，2008年12月12日，联合国大会第35次会议审议和通过了《联合国全程或部分海上国际货物运输合同公约》，由于该公约2009年9月在荷兰鹿特丹正式签署发布，所以新公约又被称为《鹿特丹规则》。该公约是继《海牙规则》、《海牙-维斯比规则》和《汉堡规则》3个国际海运公约后，联合国通过的第四个国际海运公约。《鹿特丹规则》共18章96条，主要围绕国际海上货物运输合同主体制度设计、船货双方合同权利、义务和公约适用等问题展开，是迄今为止条文内容最多、调整运输范围最广的国际海运公约。

截至2018年1月28日，《鹿特丹规则》共有25个签字国，其中有4个国家正式批准或加入了该公约。

4.5.2　调整海上旅客运输合同的国际公约

为统一有关海上旅客运输的法律，国际海事委员会于1961年4月在布鲁塞尔第11届海洋法会议上通过了1961年《统一海上客运若干规则国际公约》。1967年5月27日在布鲁塞尔又通过了1967年《统一海上旅客行李运输的国际公约》。

政府间海事协商组织于1974年12月2日至13日在希腊雅典召开的海上旅客及其行李运输国际法律会议上通过了《1974年海上旅客及其行李运输雅典公约》（Athens Convention Relating to the Carriage of Passengers and Their Luggage by Sea，1974），简称1974年《雅典公约》（Athens Convention）。1974年《雅典公约》根据情况的发展变化又进行了多次修订（见表4-6）。

表4-6　　　　　　　　　　　《雅典公约》的发展概况

名称	《1974年海上旅客及其行李运输雅典公约》	《1974年海上旅客及其行李运输雅典公约的1976年议定书》	《修订1974年海上旅客及其行李运输雅典公约的1990年议定书》	《2002年海上旅客及其行李运输雅典公约》
通过背景	1961年《统一海上客运若干规则国际公约》规定的承运人对旅客人身伤亡赔偿责任限额过低	1976年11月19日，原政府间海事协商组织在伦敦召开的修订《1974年海上旅客及其行李运输雅典公约》计算单位的会议上通过了《1974年海上旅客及其行李运输雅典公约的1976年议定书》，即《1974年雅典公约的1976年议定书》	国际海事组织于1990年3月26日至30日在伦敦召开的修订《1974年海上旅客及其行李运输雅典公约》的外交大会上审议，并于3月29日通过《修订1974年海上旅客及其行李运输雅典公约的1990年议定书》，即《1974年雅典公约的1990年议定书》	2002年11月1日，国际海事组织在伦敦召开了修订《1974年海上旅客及其行李运输雅典公约》的外交大会，并通过了《修订1974年海上旅客及其行李运输雅典公约的2002年议定书》，即《1974年雅典公约的2002年议定书》。经该议定书修订的1974年《雅典公约》，即《2002年海上旅客及其行李运输雅典公约》

生效情况	该公约于1987年4月28日生效	该议定书于1989年4月30日生效	该议定书的生效条件为10个国家参加，至今尚未生效	该议定书的生效条件为10个国家参加，至今尚未生效
参加国家	参加该公约的有瑞典、英国、阿根廷、巴哈马、比利时、埃及、希腊、利比里亚、波兰、西班牙等十几个国家。我国第八届全国人民代表大会常务委员会第六次会议于1994年3月5日通过我国加入该公约的决定	参加该议定书的有瑞典、英国、阿根廷、巴哈马、比利时、埃及、希腊、利比里亚、波兰、西班牙等十几个国家。我国第八届全国人民代表大会常务委员会第六次会议于1994年3月5日通过我国加入该议定书的决定	—	—

《修订1974年海上旅客及其行李运输雅典公约的2002年议定书》取代了《1974年雅典公约的1990年议定书》，加大了承运人的责任（见表4-7）。

表4-7　《修订1974年海上旅客及其行李运输雅典公约的2002年议定书》

责任基础	严格责任与过错责任并用
责任限额	设置了双层限额，第一层为25万特别提款权，第二层为40万特别提款权，允许参加国在国内法中规定超过此限额
强制保险	要求提供保险或者财务担保，额度为每名旅客每次事故不少于25万特别提款权
直接索赔	对保险人或者其他财务担保人有直接请求权

小资料4-5　　　　　　　　　　《雅典公约》对我国立法的影响

《海商法》第五章"海上旅客运输合同"的规定参照了1974年《雅典公约》的规定。其中，《海商法》中国际海上旅客运输的限额规定与《1974年海上旅客及其行李运输雅典公约的1976年议定书》基本一致，沿海旅客运输则按1993年国务院发布的《中华人民共和国港口间海上旅客运输赔偿责任限额规定》确定，限额远低于国际海上旅客运输。我国海上旅客运输中有关承运人赔偿责任限额的规定存在的问题主要有：

（1）海上旅客运输中承运人的责任限额不一致，国际海上旅客运输和沿海旅客运输两者的限额存在很大差异，后者仅为前者的1/5～1/4。

（2）内河旅客运输不是海上旅客运输，不受《海商法》的调整，在内河旅客运输中发生的旅客人身伤亡、行李灭失或损坏赔偿问题，适用我国《民法典》的规定，没有责任限额，承运人的责任较重。

本章小结

海上运输在国际运输中占有非常重要的地位，如何规范海上运输秩序、保障海上运输有序开展、避免和解决纠纷与矛盾，海商法有一系列具体的规定。

海上运输合同即以海上货物运输合同、多式联运合同、海上旅客运输合同为主要表现形式的合同，因此海上运输合同包括海上货物运输合同、多式联运合同、海上旅客运输合同。

海上货物运输合同可以口头订立，也可以书面订立，但是航次租船合同应当书面订立。电报、电传和传真具有书面效力。

顾名思义，只要货物以两种以上的运输方式进行运输就可称为多式联运。但是，我国《海商法》所称的多式联运的范围较窄。

我国《海商法》第四章第八节"多式联运合同的特别规定"规定，国际货物多式联运经营人的责任形式是网状责任制。

调整海上货物运输合同的条约主要有三个：《海牙规则》、《海牙-维斯比规则》和《汉堡规则》。它们在国际上的适用范围非常广。

主要概念

海上运输合同 航次期租合同 班轮运输合同 单位赔偿责任限制 网状责任制 提单

基础训练

▲ 选择题

（1）下列不属于租船运输合同的是（　　）。

A. 期租合同　　　　　　　　　　　　B. 包运合同

C. 航次期租合同　　　　　　　　　　D. 程租合同

（2）在我国海商法理论界，对"document of title"的含义，分别理解为（　　）。

A. 物权凭证　　　　　　　　　　　　B. 所有权凭证

C. 权利凭证　　　　　　　　　　　　D. 非权利凭证

（3）1974年《雅典公约》于1987年4月28日生效。参加该公约的国家有（　　）。

A. 阿根廷　　　　　　　　　　　　　B. 中国

C. 埃及　　　　　　　　　　　　　　D. 比利时

（4）与传统的提单相比，海运单的最大特点是（　　）。

A. 具有可流通性　　　　　　　　　　B. 一般具有可流通性

C.具有部分可流通性　　　　　　　　D.不具有可流通性

（5）不记名指示提单一般被理解为（　　　）。

A.凭托运人的指示交货　　　　　　　B.凭提单交货

C.与记名提单交货一样　　　　　　　D.与记名提单交货不一样

（6）根据我国《海商法》的规定，（　　　）可以转让。

A.收货待运提单　　　　　　　　　　B.记名提单

C.不记名提单　　　　　　　　　　　D.指示提单

▲ 判断题

（1）航次租船合同可以口头订立，也可以书面订立。　　　　　　　　（　　）

（2）我国《海商法》规定，国际货物多式联运经营人的责任形式是网状责任制，但我国《民法典》对国际货物多式联运经营人实行统一责任制。　　　（　　）

（3）电子提单与传统的提单不同，它不再是一种纸质单证，而是一种无纸单证。　　　　　　　　　　　　　　　　　　　　　　　　　　　　　（　　）

（4）《汉堡规则》对承运人的责任规定更严格，因此相对来说，对货主较为有利。　　　　　　　　　　　　　　　　　　　　　　　　　　　　　（　　）

（5）我国《海商法》第五章"海上旅客运输合同"的规定基本上参照了《海牙规则》。　　　　　　　　　　　　　　　　　　　　　　　　　　　　（　　）

▲ 简答题

（1）比较航次租船合同和班轮运输合同的异同。

（2）简述海上货物运输中承运人的义务。

（3）简述国际货物多式联运经营人的责任形式。

（4）简述提单的种类。

案例分析

1993年7月29日，菲达电器厂（以下简称菲达厂）与新加坡艺明公司以传真的方式签订了一份灯饰出口协议书。协议书签订后，菲达厂委托长城公司和菲利公司办理出口手续。长城公司和菲利公司分别以托运人的名义，把装有菲达厂货物的两个集装箱装上美国总统轮船公司（以下简称美轮公司）所属货轮，委托该公司承运，美轮公司为此给长城公司和菲利公司分别签发了一式三份记名提单。上述货物运抵新加坡后，买方艺明公司未依协议付款，美轮公司却在艺明公司未取得正本提单的情况下，应其要求而将货物交付。因此，持有上述两票货物全套正本提单的菲达厂以美轮公司无单放货为由，向广州海事法院提起诉讼，长城公司和菲利公司以第三人身份参加该诉讼，并表示支持菲达厂的诉讼请求，美轮公司没有提出管辖异议并应诉。

广州海事法院审理后做出一审判决：美轮公司赔偿菲达厂货物损失 98 666.148 美元及利息。美轮公司不服一审判决，向广东省高级人民法院提起上诉。广东省高级人民法院终审判决：驳回上诉，维持原判。美轮公司不服，向最高人民法院申请再审，同时请求中止执行广东省高级人民法院的终审判决。最高人民法院审理后于 2002 年 6 月 25 日做出判决：撤销广东省高级人民法院的二审判决和广州海事法院的一审判决，驳回菲达厂对美轮公司的诉讼请求，一、二审诉讼费均由菲达厂负担。

理由是，本案所涉两票货物提单背面的首要条款均规定："货物的收受、保管、运输和交付受本提单所证明的运输协议的条款调整，包括……（3）美国 1936 年《海上货物运输法》的条款或经 1924 年布鲁塞尔公约修改的 1921 年《海牙规则》生效的国家内一个具有裁判权的法院裁决因运输合同而产生争端的规定。"

从《最高人民法院公报》上公布的内容来看，在一审中，广州海事法院是根据我国《海商法》第七十一条（提单的概念）、《民法通则》①第一百零六条（民事责任的一般规定）和第一百一十七条（侵权的责任）的规定及国际惯例（内容不详）做出一审判决的，没有涉及法律选择问题。

在二审中，广东省高级人民法院认定本案属于侵权，不受当事人双方原有运输合同的约束。在此基础上，该院根据《民法通则》第一百四十六条（侵权行为的冲突规范）和最高人民法院的司法解释（侵权行为地的认定）以及最密切联系原则适用了中国相应的实体法，而对美轮公司提出的"本案应适用美国法律或者新加坡法律"的上诉理由不予采纳。

在再审中，最高人民法院认为，由于美轮公司与菲达厂双方均认为本案属于国际海上货物运输合同纠纷，因而，将本案认定为侵权，不符合本案事实，应予以纠正。根据《海商法》第二百六十九条的规定，海上货物运输合同的当事人可以选择合同适用的法律。本案提单是双方当事人自愿选择适用的，提单首要条款明确约定适用美国 1936 年《海上货物运输法》或《海牙规则》。对法律适用的这一选择，是双方当事人的真实意思表示，且不违反中国的社会公共利益，是合法有效的，应当尊重。但是，由于《海牙规则》第一条规定，该规则仅适用于与具有物权凭证效力的运输单证相关的运输合同，而本案中的提单是不可转让的记名提单，不具有物权凭证的效力，并且，《海牙规则》对承运人如何交付记名提单项下的货物未做规定，因此解决本案的海上货物运输合同纠纷，不能适用《海牙规则》，只能适用美

---

① 本案发生时，《民法典》并未实施。

国1936年《海上货物运输法》。而该法第三条第四款规定，该法中的任何规定都不得被解释为废除或限制适用美国《联邦提单法》。因此，本案应当适用1936年《海上货物运输法》和美国《联邦提单法》。根据美国1936年《海上货物运输法》、美国《联邦提单法》第二条和第九条（b）款的规定，承运人有理由将货物交付给托运人在记名提单上记名的收货人。承运人向记名提单上的记名收货人交付货物时，不负有要求记名收货人出示或提交记名提单的义务。美轮公司作为承运人，根据记名提单的约定，将货物交给收货人艺明公司，符合上述美国法律的规定，是适当地履行了海上货物运输合同中交付货物的责任，并无过错，美轮公司的申诉有理，应予以支持。

本案被评为"2002年中国十大有重大影响的案件"之一。本案涉及法律关系的定性、确定管辖权的方法以及法律选择和法律适用等诸多问题。其中，法律适用最为复杂，三次审判法律适用均不相同。从《最高人民法院公报》上公布的内容来看，一审和二审均未提及提单中首要条款的性质及效力问题，再审时，最高人民法院显然将提单首要条款定性为法律选择、法律适用条款；并且，在对提单首要条款的效力进行判定时，仅是笼统地提及"中国社会公共利益"，没有将中国《海商法》第四章作为具有绝对效力的强行法加以维护。由此，提单首要条款的约定有效，其所指向的法律成为审理本案的准据法。

资料来源　屈广清. 海商法［M］. 北京：中国民主法制出版社，2005：138-141.

问题：为什么各法院的判决不一致？你同意哪个法院的意见？

实践训练

实训项目：诉讼能力的训练项目。

具体组织与要求：

1）案情

201×年5月20日傍晚，从大连驶往上海的某船运公司的"彩光"轮正在驶出中途停靠港烟台，突然，驾驶船舶的二副发现因操作失误导致船舶偏离了航道，误入了海带养殖场，即将与场内工作的渔船相撞。为了躲避对面的渔船，二副采取了紧急避碰措施。虽然避免了两船相碰，但是，由于避碰措施过大，致使"彩光"轮剧烈摇摆，使得毫无防备的旅客纷纷跌倒，多人受伤，行李也掉到甲板上。经过核实，有5位旅客需要住院治疗。其中，乙、丙是从床铺上跌下时造成骨折，丁、戊在甲板上散步因跌倒造成严重外伤，还有一位旅客甲是在擅自进入挂牌明示"旅客止步"的驾驶区域时，摔倒在驾驶区域内受伤的。另4位旅客提出了行李灭失或者损坏的报告，其中，乙和丙两位旅客受损的是自行携带的高档瓷器（价值分别为人民币1 000元和1 200元），丁旅客损坏的是手提电脑（修理费用为600元），戊旅客报告丢失了钱包。

2）要求

请同学们分别扮演相关角色，复演上述案情，分别代表5位伤者要求赔偿，并对赔偿的依据进行说明。同时，由某一同学扮演的法官进行宣判。由于同学们提供的材料、依据不同，所以法官判决赔偿与否、赔偿的多少可以作为成功与否的判断标准。

考核标准：赔偿依据说明、理由及判决结果可以作为老师给分的参考依据。

第5章

船舶碰撞

学习目标

知识目标：了解船舶碰撞的概念和构成要件；理解船舶碰撞损害赔偿的规定。

技能目标：能够应用相关的法律知识，掌握船舶碰撞损害赔偿的原则及赔偿额计算方法。

能力目标：能够灵活运用船舶碰撞的法律规定，具有解决船舶碰撞案件法律适用问题的能力。

素养目标：能够全面理解与掌握海商法理论、制度及规则的价值和意义，坚持中国海商法律文化与法律制度的充分自信，自觉维护社会主义法治原则，以实际行动弘扬社会主义核心价值观。

引例　　　　船舶互有过失碰撞所致油污损害的责任主体

1999年3月24日，两船在中国南海珠江口海域互有过失碰撞，致使其中一船船体破损，其所载油类泄漏，造成海域污染。处理此案有两种意见：①两船互有过失碰撞，一船漏油，导致油污损害，构成共同侵权，两船的所有人或经营人应对油污损害承担连带责任。②对环境污染应适用无过错责任原则，本案中不应适用过错责任原则追究非漏油船所有人的责任，法院应依据调整油污损害的专门法律判令仅由漏油船所有人承担赔偿油污损害责任。只有这样，才能正确解决污染环境侵权行为的责任归属问题。两船互有过失碰撞，对油污受害人直接负赔偿责任的主体是漏油船所有人，不包括另一非漏油船所有人。前者赔付油污受害人后，可按后者的过失程度向其追索部分油污损害赔偿。

资料来源　余晓汉. 中国海商法年刊（2000）[M]. 大连：大连海事大学出版社，2001：198-205.

　　分析：以上案例中的两种观点到底哪个比较合理是值得我们认真思考的问题，要真正解决这一问题，应该先对船舶碰撞的概念、船舶碰撞的构成要件、船舶碰撞的损害赔偿、船舶污染损害赔偿、相关国际公约的规定等有基本的了解和掌握。

5.1　船舶碰撞的定义和种类

5.1.1　船舶碰撞的定义

　　根据《海商法》第一百六十五条、第一百七十条的规定，船舶碰撞是指船舶在海上或者与海相通的可航水域发生接触造成损害的事故，或者虽然实际上没有同其他船舶发生碰撞，但是使其他船舶以及船上的人员、货物或者其他财产遭受损失的情况。

　　实践中船舶碰撞发生的原因是多种多样的（见表5-1）。

表 5-1　　　　　　　船舶碰撞发生的原因（按发生频率由高到低排列）

船舶碰撞发生的原因	瞭望不当
	超速
	未对局面做出评估
	未及时采取积极的措施
	近距离追越/交叉
	未遵守分道通航制
	显示的号灯/号型不正确
	机械故障
	操纵疏忽

5.1.2　船舶碰撞的种类

　　1）依船舶是否有接触分为直接碰撞和间接碰撞

　　直接碰撞，是指各船之间发生实际接触而造成损害的海上事故，即各船的某个组成部分同时占据同一物理空间而产生力学上的作用与反作用对抗，导致一船或者多船损害的海上事故。

间接碰撞，指船舶之间没有实际接触造成的海上损害事故。间接碰撞多数情况下表现为浪损。

2）依主观心态分为过错碰撞和非过错碰撞

过错碰撞，是指因过错造成的船舶碰撞。过错碰撞又分为故意碰撞和过失碰撞。

非过错碰撞，是指当事船均无过错的船舶碰撞。

5.2 船舶碰撞的构成要件

船舶碰撞的构成要件与民法中民事侵权损害赔偿的责任构成要件基本一致，包括过失、碰撞的事实、损害的事实、过失与损害的因果关系等，但也有一些特别的规定，见表5-2。

表5-2 船舶碰撞的构成要件

主体	船舶是主体
行为	根据《海商法》的规定，船舶碰撞的构成原则上以船舶之间实际接触为条件，船舶之间没有发生实际接触造成他船损失的，也属于船舶碰撞
后果	不论是直接碰撞还是间接碰撞，也不论是自然原因还是人为原因，只有当碰撞产生损害后果时，才构成船舶碰撞
水域	发生在海上或者与海相通的可航水域
条件	直接碰撞不以过失为条件，间接碰撞以过失为条件

5.3 船舶碰撞的损害赔偿

5.3.1 船舶碰撞损害赔偿责任的承担

1）有过失的船舶碰撞的损害赔偿责任的承担

有过失的船舶碰撞是指由于当事船的过失造成的船舶碰撞。

（1）单方过失导致的船舶碰撞

关于单方过失导致的船舶碰撞的损害赔偿责任的承担，《海商法》第一百六十八条规定，船舶发生碰撞，是由一船的过失造成的，由有过失的船舶负赔偿责任。

（2）互有过失导致的船舶碰撞

关于互有过失导致的船舶碰撞的损害赔偿责任的承担，《海商法》第一百六十九条规定，船舶发生碰撞，碰撞的船舶互有过失的，各船按照过失程度的比例负赔偿责任；过失程度相当或者过失程度的比例无法判定的，平均负赔偿责任。

互有过失的船舶碰撞造成了第三人的财产损失和人身伤亡，根据《海商法》第一百六十九条的规定，船舶碰撞中互有过失的各船对因此造成的第三人的财产损失承担按份债务责任，即按照各方在船舶碰撞中的过失比例确定的责任比例承担相应的损害赔偿责任，"各船的赔偿责任均不超过其应当承担的比例"；而对于因此造成的第三人的人身伤亡，互有过失的各船则应当承担连带赔偿责任，即均应当根据受害人的请求，对全部人身伤亡损害结果承担全部的赔偿责任。如果一船连带支付的赔偿数额超过了其依法应当承担的责任比例，有权向其他有过失的船舶追偿。

2）无过失船舶碰撞的损害赔偿责任的承担

《海商法》第一百六十七条规定："船舶发生碰撞，是由于不可抗力或者其他不能归责于任何一方的原因或者无法查明的原因造成的，碰撞各方互相不负赔偿责任。"《中华人民共和国民法典》第一千一百六十五条也有类似规定。但其第一千一百六十六条规定："行为人造成他人民事权益损害，不论行为人有无过错，法律规定应当承担侵权责任的，依照其规定。"因此，无过错并非可以绝对免责。

小资料 5-1　　　　　　　　　　　　　　　　　最后机会规则

最后机会规则指船舶碰撞中有最后机会避免碰撞发生的船舶因其有过失而未能避免，该船对损失负全部责任。

5.3.2　船舶碰撞损害赔偿的具体方法

1）恢复原状

恢复原状，是指"碰撞损害赔偿应使索赔方尽量接近索赔事故发生之前的状况"[①]。我国 1995 年 8 月 18 日发布的《最高人民法院关于审理船舶碰撞和触碰案件财产损害赔偿的规定》第二条规定，"赔偿应当尽量达到恢复原状，不能恢复原状的折价赔偿"。

2）赔偿实际损失

关于赔偿实际损失，《最高人民法院关于审理船舶碰撞和触碰案件财产损害赔偿的规定》中明确规定了受害方有权索赔的损失范围：可以请求赔偿对船舶碰撞所造成的财产损失、船舶碰撞后相继发生的有关费用和损失、为避免或者减少损害而发生的合理费用和损失，以及预期可得利益的损失。由此可见，该规定列出的实际损失包括船舶碰撞造成的直接损失和延续损失。

---

① 参见 1985 年《确定海上碰撞损害赔偿的国际公约草案》第三条。

3）扩大的不合理损失不予赔偿

值得注意的是，无过失的受害方在船舶碰撞造成的损失发生的过程中，如果未采取合理措施减少损失，甚至故意扩大损失，则无权请求赔偿。《最高人民法院关于审理船舶碰撞和触碰案件财产损害赔偿的规定》第一条规定："因请求人的过错造成的损失或者使损失扩大的部分，不予赔偿。"

5.3.3　赔偿范围

1）船舶损失的赔偿范围

船舶损失的赔偿范围包括船舶全部损失的赔偿范围和船舶部分损失的赔偿范围。

船舶全部损失的赔偿范围包括：

（1）船舶的价值损失。它一般是依据市场价格计算的；没有市场价格的，以原船的造价或者购置价扣除折旧（折旧率为4%～10%）计算。

（2）船期损失。所谓船期损失，是指船舶全损，是导致受害方在找到替代船舶之前而遭受的损失。计算该船期损失应当扣除找到替代船舶所需的合理时间，实践中最长不超过两个月（渔船还应扣除休渔期）。

（3）船上其他财产的损失。

（4）船员工资等合理费用。

（5）救助费用。

（6）利息损失。

船舶部分损失的赔偿范围包括：修理费用、船期损失、其他合理费用。

2）船上货物和其他财产的赔偿范围

（1）货物及其他财产灭失或者损害导致的损失。

（2）迟延交付的损失。

（3）鱼货损失。

（4）渔船的捕捞设备损失。

（5）旅客的行李、物品的损失以及请求人作为承运人而依约为旅客保管的物品的损失，应按照《海商法》有关海上旅客运输合同的旅客行李、物品灭失、损坏的赔偿规定确定的数额，列入船舶碰撞的赔偿范围。但是，必须以他船旅客的行李、物品为限。

（6）船员的个人生活必需品，应按照受损财产的实际价值列入赔偿范围。

（7）对上述财产进行救助、打捞和清除产生的费用，属于赔偿范围。[①]

---

① 屈广清. 海商法［M］. 北京：中国民主法制出版社，2005：244-245.

3）船上人员人身伤亡的赔偿范围

船上人员人身伤亡的赔偿范围包括：收入损失、医疗护理费、安抚费、其他必要费用，如图5-1所示。

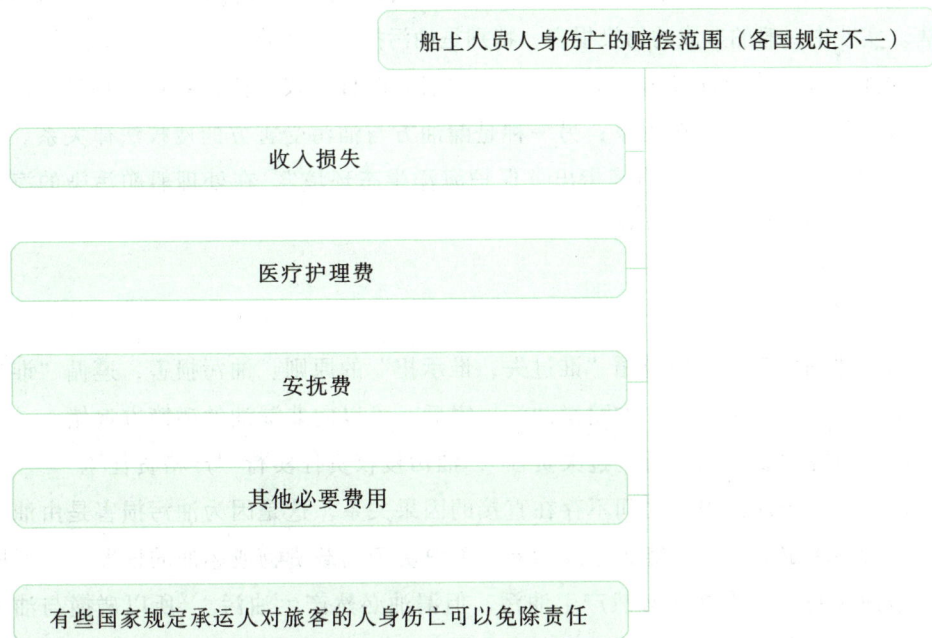

船上人员人身伤亡的赔偿范围（各国规定不一）

收入损失

医疗护理费

安抚费

其他必要费用

有些国家规定承运人对旅客的人身伤亡可以免除责任

图5-1　船上人员人身伤亡的赔偿范围

5.3.4　船舶碰撞案件的诉讼时效

船舶碰撞的请求权时效期间为2年，自碰撞事故发生之日起计算。

互有过失的船舶碰撞中，对第三人的人身伤亡，一船连带支付的赔偿超过其过失比例的，有权向其他过失方追偿，该时效期间为1年，自当事人连带支付损害赔偿之日起计算。

值得注意的是，2008年4月28日通过的《最高人民法院关于审理船舶碰撞纠纷案件若干问题的规定》对船舶碰撞的损害赔偿做了补充规定，如第二条规定"审理船舶碰撞纠纷案件，依照《海商法》第八章的规定确定碰撞船舶的赔偿责任"；第九条规定"因起浮、清除、拆毁由船舶碰撞造成的沉没、遇难、搁浅或被弃船舶及船上货物或者使其无害的费用提出的赔偿请求，责任人不能依照《海商法》第十一章的规定享受海事赔偿责任限制"。

5.4 船舶污染的损害赔偿

船舶造成的污染损害，指船载货物油、燃料油、有毒有害物质等造成的水域污染损害。实践中，船舶造成的污染损害，特别是油污损害，多数是由船舶碰撞造成的。

船舶碰撞造成海洋环境污染损害，通常引起两种侵权法律关系：一种是碰撞双方（或多方）的侵权法律关系；另一种是漏油方与油污受害方的侵权法律关系。[①]

党的"二十大"报告明确指出"保护海洋生态环境"，在处理船舶污染的海事事件与纠纷中，要彻底贯彻这一理念。

5.4.1 两种法律关系的区别

（1）船舶碰撞的责任遵循"谁过失，谁承担"的原则。油污损害，遵循"谁漏油，谁负责"的原则。漏油方赔偿油污损害后，可以向非漏油的碰撞方追偿。

（2）碰撞侵权责任实行"过失责任"，油污侵权责任实行"严格责任"。

（3）碰撞与油污损害之间不存在直接的因果关系。这是因为油污损害是由油类的污染特性决定的，碰撞能否造成污染损害取决于船载货物或燃油的情况，并不取决于碰撞本身。碰撞并非必然产生油污，但漏油必然产生油污。[②]所以碰撞与油污损害之间不存在直接的因果关系。

（4）碰撞责任承担方面不尽一致。油污的法律制度将漏油的油污风险分配给油轮船东和油类货主，前者强制投保油污责任险，后者摊款建立油污责任基金。非漏油的碰撞船舶承担的碰撞责任中所包含的油污损害是将漏油船舶与其他财产同样对待的。

5.4.2 油污损害的赔偿范围

（1）污染直接造成的财产损失或者人身伤害。

（2）采取预防措施的费用。

（3）采取预防措施造成的进一步损失。

小资料 5-2 　　　　　　　　　　油类污染造成的后继损失与纯经济损失

后继损失也称附属损失，是请求人因油类污染造成财产有形灭失或损害导致的资金损失。纯经济损失是指请求人因财产有形灭失或损害以外的原因导致的资金损失。

---

① 油污又分为散装货油污染和船舶燃油污染，前者由《国际油污损害民事责任公约》调整，后者由《国际燃油污染损害民事责任公约》调整。

② 司玉琢. 海商法［M］. 北京：法律出版社，2003.

2011年1月10日通过的《最高人民法院关于审理船舶油污损害赔偿纠纷案件若干问题的规定》对有关问题做了补充规定，如第五条规定：油轮装载的持久性油类造成油污损害的，应依照《防治船舶污染海洋环境管理条例》《1992年国际油污损害民事责任公约》的规定确定赔偿限额。油轮装载的非持久性燃油或者非油轮装载的燃油造成油污损害的，应依照《海商法》关于海事赔偿责任限制的规定确定赔偿限额。

5.5 国际公约的规定

船舶碰撞及船舶污染损害的国际公约主要有《1910年统一船舶碰撞若干法律规定的国际公约》《1952年船舶碰撞中民事管辖权方面若干规定的国际公约》《1952年统一有关扣留海运船舶的若干规则的国际公约》《1969年国际油污损害民事责任公约》《1972年国际海上避碰规则》《1977年统一船舶碰撞中有关民事管辖权、法律选择、判决的承认和执行方面若干规则的国际公约》等。《海商法》船舶碰撞方面的规定基本上是以《1910年统一船舶碰撞若干法律规定的国际公约》为依据制定的。

5.5.1 《1910年统一船舶碰撞若干法律规定的国际公约》

《1910年统一船舶碰撞若干法律规定的国际公约》是1910年在布鲁塞尔召开的第三次海洋法外交会议上通过的，自1913年3月1日起生效，共17条。该公约适用于在公海和连接公海而可供船舶航行的一切水域的一切船舶，但不包括军用船舶、政府船舶。

《1910年统一船舶碰撞若干法律规定的国际公约》确定了船舶碰撞的责任确定原则（过失方承担、过失方按比例承担，第3条、第4条）、诉讼时效（损害赔偿的诉讼时效为2年，支付全部赔偿金额后向其他过失船舶追偿的诉讼时效为付款之日起1年，第7条）等内容。

5.5.2 《1969年国际油污损害民事责任公约》

《1969年国际油污损害民事责任公约》是1969年国际海事组织在布鲁塞尔主持订立的。公约还包括几个议定书，我国已加入该公约。

《1969年国际油污损害民事责任公约》规定了公约的适用范围（适用缔约国领土、领海上的油污损害，第二条）、油污损害赔偿范围（污染损害、预防措施等，第二条）、责任构成（过失责任、船舶所有人承担举证责任，第三条第三款）和免除责任事项（不可抗力等，第三条第二款第1~3项）、责任限制（赔偿按船舶吨位计算，每吨2 000金法郎，但赔偿总额不能超过2.1亿金法郎，第五条）、管辖权（损害地、预防措施采取地等的缔约国法院管辖，第九条）、缔约国判决的承认与执行（除判决存在欺骗或者没有给被告合理的通知、陈述机会外，缔约国应承认、执行判决，第十条）等内容。

5.5.3　规范船舶碰撞造成的其他侵权损害方面的公约

关于船舶碰撞造成的其他侵权损害问题，如造成核污染、残骸打捞费、燃油污染，也有一些国际公约予以调整，如《1971年海上核材料运输民事责任公约》[①]《2001年燃油污染损害民事责任国际公约》等。另外还有一些草案，如《1996年国际海上运输有毒有害物质的责任和损害赔偿的国际公约》（96HNS）（草案）、《1998年残骸清除公约》（草案）等，当发生船舶碰撞，造成核污染、燃油污染，并涉及残骸打捞费时，碰撞法律与这些公约将形成两种独立的法律制度，分别调整两种不同的侵权关系。[②]

本章小结

船舶碰撞是指船舶在海上或者与海相通的可航水域发生接触造成损害的事故，或者虽然实际上没有同其他船舶发生碰撞，但是使其他船舶以及船上的人员、货物或者其他财产遭受损失的情况。

船舶碰撞损害赔偿的具体方法有恢复原状、赔偿实际损失。

船舶碰撞中无过失的受害方在船舶碰撞造成的损失发生的过程中，在其力所能及的情况下也应当采取必要合理的措施进行抢救，以减少损害。如果受害方未采取合理措施减少损失，甚至故意扩大损失，对于由此扩大的不合理的损失，受害方无权请求赔偿。

一起船舶碰撞案件同时造成海洋环境污染损害，通常引起两种侵权法律关系：一种是碰撞双方（或多方）的侵权法律关系；另一种是漏油方与油污受害方的侵权法律关系。两种法律关系的责任主体、责任基础以及承担损害赔偿的原则都有所不同。

当发生船舶碰撞，造成核污染、燃油污染，并涉及残骸打捞费时，也将出现类似上述情况，碰撞法律与公约形成两种独立的法律制度，分别调整两种不同的侵权法律关系。

[①]　该公约于1971年11月29日至12月2日在布鲁塞尔通过，并自1975年7月15日起生效，但我国没有参加此公约。
[②]　司玉琢. 海商法 [M]. 北京：法律出版社，2003.

主要概念

船舶碰撞　间接碰撞　非过错碰撞　船期损失

基础训练

▲ 选择题

（1）下列属于过错碰撞情况的是（　　　　）。

A.故意碰撞 　　　　　　　　　　　B.过失碰撞

C.一方过错碰撞 　　　　　　　　　D.各方过错碰撞

（2）船舶碰撞发生在（　　　　）。

A.船舶与非船舶之间 　　　　　　　B.非船舶之间

C.内河船舶之间、政府公务船舶之间 　D.船舶之间

（3）如船舶发生碰撞是由无法查明的原因造成的，碰撞各方（　　　　）。

A.待查明原因后赔偿 　　　　　　　B.友好协商赔偿责任

C.互相赔偿对方 　　　　　　　　　D.互相不负赔偿责任

（4）油污损害，不论是散装货油还是船舶燃油造成海洋污染，均遵循（　　　）的原则。

A."无过错责任" 　　　　　　　　　B."过失责任"

C.谁碰撞，谁负责 　　　　　　　　D.谁漏油，谁负责

（5）《1969年国际油污损害民事责任公约》规定了责任限制：赔偿按船舶吨位计算，每吨（　　　），但赔偿总额不能超过（　　　　）。

A.2 100金法郎　2亿金法郎 　　　　B.2 100金法郎　2.1亿金法郎

C.2 000金法郎　2.1亿金法郎 　　　D.2 000金法郎　2亿金法郎

▲ 判断题

（1）直接碰撞不以过失为条件，而间接碰撞则强调当事船的过失条件。（　　　）

（2）船舶发生碰撞，碰撞的船舶互有过失的，应当由各方当事船自行承担责任。（　　　）

（3）船舶的价值损失一般依据与原船舶类似船舶的市场价值计算。（　　　）

（4）对于碰撞灭失的货物或者其他财产，应当按照其购买时的实际价值赔偿。（　　　）

（5）油污损害的责任主体是谁有过失谁承担责任，全部过失承担全部责任，部分过失承担部分责任，无过失不承担责任。（　　　）

▲ 简答题

（1）简述船舶碰撞的构成要件。

（2）简述船舶损失的赔偿范围。

（3）简述油污损害的赔偿范围。

案例分析

1996年10月28日12：30，"闽狮渔2168"船（以下称A船）从祥渔港出航到渔场作业，10月31日19：00从渔场返航，航向约290度，航速8节，对拖主船"闽狮渔2167"船（以下称B船）航行在前。11月1日2：30，"闽狮渔2989"船（以下称C船）从祥渔港开航前往渔场作业，航向约100度，航速6节。3：30左右，A船与C船在泉州湾附近海域发生碰撞，当时风力2级，风向西北偏北，有浓雾，能见度低。因能见度不好，碰撞双方在碰撞发生前均未发现对方船舶，A船在碰撞前瞬间发现C船，即采取右转舵，C船未采取措施。两船碰撞后，C船直插A船左舷驾驶楼部，成T字形，两船绞在一起，随即C船倒车，两船脱离，因能见度不良，A船只发现对方是一铁壳船，未见船名。A船船长蔡圆目因船舶碰撞受伤，致锁骨骨折。碰撞事故发生后，A船即向主船B船呼救并由该船拖带及在"闽狮渔2106"船护航下返回祥渔港。11月3日，C船返港，原告发现该船船首有撞凹痕迹，经与被告沟通，对方确认两船在11月1日发生碰撞。在出海生产期间，C船未向祥渔村04渔业无线电台或其他单位报告事故经过。A船属木质拖网渔船，总长25.5米，型宽5.4米，型深2.2米，总吨63吨，功率202千瓦，船籍港泉州港，船舶所有人及船上职务船员均未持有效适任证书。该船核定航区为闽浙及粤东沿海，限7级风以下航行作业，配备卫星导航仪一台。经泉州渔港监督处调查确认，A船船体修理费用48 712元，油料损失8 750元，主机、辅机、船电系统、齿轮箱轴系统校正及清洗费用4 800元，电池损失600元。A船于1996年11月进行修理，用时20天，在此期间，据天气预报中国台湾海峡风力均在7级或7级以上。

C船属钢质拖网渔船，总长27.5米，型宽5.4米，型深2.4米，总吨71吨，功率202千瓦，船籍港泉州港，核定航区闽浙粤沿海，限7级风以下航行作业。船上除船长蔡海庭持有四等船舶长证书外，其余职务船员均未持有效适任证书。经泉州渔港监督处调查确认，C船所需修理费用8 400元。1997年2月，C船到龙海国安造船厂进行整船修理保养，共发生修理费54 986元。

事故经泉州渔港监督处勘查，认定C船对事故应承担70%的责任。为此，原告要求被告赔偿其经济损失65 145元。1997年4月21日，原告增加诉讼请求称，其所属A船因碰撞损失修理20天，导致对拖渔船B船（主船）、A船停航20天，无法生产作业，实际损失 105 000 元。另因 A 船被碰船体进水，鱼货因海水浸泡价值贬低，损失 10 650 元。为此，原告要求被告再赔偿船舶停航损失、鱼货损失 115 650 元。

被告答辩兼反诉称，其对泉州渔港监督处的事故调查处理决定书有异议，请求法院调查核实；原告诉称的经济损失是其单方确定的，被告不予承认。被告认为，A 船违反了《1972 年国际海上避碰规则》和《中华人民共和国海上交通安全法》（以下简称《海上交通安全法》），直接导致了碰撞的发生，应对该事故承担全责，为此，要求原告赔偿其经济损失 62 986 元（船体维修费 54 986 元，修理期间船员工资损失 8 000 元）。

反诉被告辩称：反诉人未在法庭辩论终结前提出反诉，其反诉无效；反诉请求、理由严重违背事实，无法成立。

厦门海事法院经审理认为，A 船、C 船在能见度不良，无雷达导航的情况下航行，思想麻痹，疏忽瞭望，且未使用安全航速，均违反了《1972 年国际海上避碰规则》第五条、第六条、第七条第（1）项、第十九条第（2）项的规定；C 船在事故发生后擅离事故现场，违反了《海上交通安全法》第三十七条的规定；该船除船长蔡海庭持有四等船长适任证书外，其余船员均未持有适任证书，违反了《海上交通安全法》第六条的规定；A 船所有人员均未持有适任证书，严重违反了《海上交通安全法》第六条的规定。故 C 船应承担 60% 的赔偿责任，A 船承担 40% 的赔偿责任。原告主张的修船期间的船舶损失，因修船期间海况不适宜出海生产作业，故对原告诉请的船期损失不予支持；原告主张的鱼货因泡水降价处理所受损失证据不足，不予支持；原告诉请的蔡圆目人身伤亡损害赔偿应由其本人主张诉讼权利，且碰撞双方船舶对船舶碰撞造成的人身伤亡应负连带责任，在原告未举证证明其连带支付的赔偿超过其应承担的比例的情况下，原告不宜直接向被告索赔，对原告主张的人身伤亡损害赔偿的诉讼请求应予驳回。被告的反诉符合法律规定，可以合并审理。但反诉原告主张的修船期间的工资损失证据不足，不予支持。根据《民法通则》①第一百一十九条、《海商法》第一百六十八条、《民事诉讼法》第一百二十六条的规定，厦门海事法院于 1997 年 12 月 24 日做出如下判决：

一、被告蔡海庭赔偿原告蔡圆目 37 717.20 元，反诉被告蔡圆目赔偿反诉原告蔡海庭 3 360 元，两者相抵，被告蔡海庭应赔偿原告蔡圆目 34 357.20 元，该款应于本判决生效之日起 10 日内付清。

二、驳回原告及反诉原告其他诉讼请求。本诉案件受理费 5 130 元由原告负担 4 060 元，被告负担 1 070 元。反诉案件受理费 2 300 元，反诉原告负担 2 173 元，反

---

① 本案发生时，《民法典》尚未推出。

诉被告负担127元。其他诉讼费1 000元由原、被告各负担500元。

资料来源　司玉琢. 海商法学案例教程［M］. 北京：知识产权出版社，2003：203-207.

问题：法院的判决是否正确？如果你是本案的原告或者被告，对法院的判决能否接受？

实践训练

实训项目一：碰撞损失计算训练项目。

具体组织与要求：假如甲、乙两船相碰，甲船付1/4的责任，乙船付3/4的责任，两船所载的货物均遭受损失（甲船船损80万元，货损20万元；乙船船损40万元，货损10万元）。甲船还有人员2死1伤3失踪。如果两船均不涉及海事赔偿责任限制，请分别列出各船的损失清单，计算出甲、乙两船的损失，甲从乙处收回的船舶损失赔偿，甲赔给乙的货物损失等，然后计算甲、乙两船共同损失的数额，并给受害人家属取得赔偿提出建议。

考核标准：从两个方面考核：一是评价计算甲乙两船共同损失的方法的正确性；二是评价给受害人家属取得赔偿提出建议的情况。

实训项目二：应用海上避碰规则能力的训练项目。

具体组织与要求：请结合下方图片并针对不同船舶的各种行驶局面，说明依据《海商法》做出判断的重要性（重点是学习并运用海上避碰公约——《1972年国际海上避碰规则》的相关内容，掌握避碰规则。）

考核标准：从两个方面考核：一是掌握《1972年国际海上避碰规则》的熟练程度；二是对船舶行驶局面的判断能力。

第6章

海难救助

学习目标

知识目标：了解海难救助的概念与特征、海难救助的构成要件；理解海难救助报酬的确定与承担。

技能目标：能够掌握海难救助合同的基本内容、海难救助报酬的承担原则及应用技巧。

能力目标：能够灵活运用海难救助报酬的承担原则，解决海难救助合同纠纷。

素养目标：能够全面理解与掌握海商法理论、制度及规则的价值和意义，坚持中国海商法律文化与法律制度的充分自信，自觉维护社会主义法治原则，以实际行动弘扬社会主义核心价值观。

引例　中国香港井川国际航运集团诉华威近海船舶服务有限公司和交通部上海海上救助打捞局案

1992年12月11日，原告与被告华威近海船舶服务有限公司（下称"华威公司"）签订了一份国际远洋拖带协议。协议约定：由华威公司派巴拿马籍"华吉"轮拖带原告所属的"昌鑫"轮和"昌瑞"轮；起拖地中国台湾安平港，目的地广州桂山锚地；最初起拖期限1993年1月10日至20日；拖带总承包价为10.3万美元，签订合同时支付2.06万美元，起拖时支付3.09万美元，到达目的坞时支付5.15万美元；根据合同应支付给拖轮船东的承包价和一切其他款项均无任何回扣、抵销、留置、索赔或反索赔，不论拖轮和/或被拖物灭失与否，承包价中每一期付款均应在到期之日，全部和不可取消地支付给拖轮船东；被拖物的保险费由租用人单独负责；在由谁提供随船船员和支付随船船员费用的条款中注明N/A（不适用）。关于责任，合同约定：不论是否由于租用人、其工作人员或代理人违反合同、疏忽或任何其他过失而发生对拖轮或拖轮上任何财物造成或使其遭受的任何性质的灭失或损坏，有关对残骸的清除或有关拖轮的移位、照明或设标的费用，或有关预防或清除拖轮造成的污染所产生的一切责任，均由拖轮船东单独承担，并对租用人、其工作人员或代理人无任何追索权；不论是否由于拖轮船东、其工作人员或代理人违反合同、疏忽或任何过失而发生对被拖物造成的上述情况和产生的一切责任，均由租用人单独承担，并对拖轮船东、其工作人员或代理人无任何追索权。合同还约定：本合同根据英国法律解释并受其管辖。

1993年1月18日，"华吉"轮驶抵中国台湾安平港外抛锚，等待接拖被拖船。19日20∶53，"华吉"轮以一前一后方式拖带"昌瑞"轮和"昌鑫"轮自中国台湾安平港驶往广州桂山锚地。两艘被拖船均没有配备随船船员。21日11∶10，"华吉"轮值班人员发现后一艘被拖船（"昌鑫"轮）船体左倾。19∶45，倾斜度加大，值班人员边观察边继续拖航。22日08∶00，"昌鑫"轮左倾严重。同日，原告授权华威公司请求救助。应华威公司的请求，"华腾"轮等救助船到现场参加救助，但因"昌鑫"轮已严重左倾，无法扶正。20∶00，在"华腾"轮的协助下，"华吉"轮将"昌鑫"轮拖离航道。21∶10，"昌鑫"轮抢滩。此后，"华吉"轮在现场守护两艘被拖船并接受主管机关调查处理。2月3日09∶45，原告与华威公司办理了船舶交接手续，"华吉"轮撤离事故现场。

"华吉"轮系巴拿马籍，华龙船务（巴拿马）有限公司所有，华威公司经营，具有日本海事协会签发的船级证书。该航次在船高级船员均有合格的职务证书。"昌瑞"轮、"昌鑫"轮均持有中国台湾中国验船中心签发的适拖证书，适拖证书上建议在两艘被拖船上各派两名随船船员。

拖航合同签订后，原告共向华威公司支付拖航费8万美元，尚欠2.3万美元，1992年12月28日，原告委托华威公司为两艘被拖船投保，华威公司向中国人民保险公司上海浦东分公司投保了船壳险，代付保险费1.6万美元。12月31日，原告建议华威公司委托中国台湾三友通运股份有限公司作为安平港的船舶代理。三友公司接到华威公司的通知后，即向有关部门办理到港作业、联系锚地等手续。1993年1月11日，华威公司向三友公司支付代理费1 500美元。

本案争议的焦点是拖航合同的效力、承拖方有无过失以及承拖方对"昌鑫"轮的沉没应否承担赔偿责任。

广州海事法院认为：原告与华威公司自愿达成的国际远洋拖带协议合法有效。双方当事人约定选择适用英国法律解决纠纷，但在诉讼中，双方均未能提供合乎要求的英国法律，故本案应适用中国法律。根据《海商法》，拖航合同的双方当事人可以就各自的责任在合同中做出约定。本案中，合同已就双方的责任和豁免做出了明确的约定。根据这一约定，无论华威公司在履行拖航合同中是否有过失，其对"昌鑫"轮的沉没以及由此产生的任何损害均不负赔偿责任。该合同自始至终对双方当事人均有约束力。因此，原告的主张不能成立，其诉讼请求法院不予支持。被告上海救捞局与本案的拖航合同无关。原告拖欠华威公司的拖航费2.3万美元应当偿付。华威公司代原告办理了两艘被拖轮船的保险并垫付保险费1.6万美元，向三友公司支付了"华吉"轮在安平港的代理费1 500美元。根据合同约定，此两项费用应由原告承担。拖航合同未就发生海事纠纷期间产生拖轮滞期损失做出约定，因此，华威公司提出的拖轮滞期损失的请求缺乏依据，不予支持。

据此，广州海事法院判决：（1）驳回原告的诉讼请求；（2）原告应向华威公司支付拖航费2.3万美元、保险费1.6万美元、代理费1 500美元以及上述费用利息；（3）驳回华威公司对拖轮滞期损失的诉讼请求。

资料来源　司玉琢.海商法学案例教程［M］.北京：知识产权出版社，2003：191-195.

分析：上述案例涉及海难救助中的具体问题包括：（1）拖航合同是否终止。在拖轮和被拖轮抵达合同约定的目的地（即广州桂山锚地）后，拖航合同是否已经履行完毕，原被告存在不同的看法。原告认为，拖轮和被拖轮抵达广州桂山锚地后，拖航合同已履行完毕；而华威公司认为，"昌瑞""昌鑫"两轮被拖抵广州桂山锚地后，由于原告的原因，未及时安排接船，因此拖航合同尚未终结。（2）承拖方在"昌鑫"轮出险到其沉没期间所采取措施的性质。被拖物——"昌鑫"轮从被发现其出险到沉没期间，承拖方华威公司将其拖离航道抢滩，此措施到底是履行拖航合同的义务还是救助行为，原被告双方存在很大争议。（3）承拖方有无过失以及对"昌鑫"轮的沉没应否承担赔偿责任。承拖方在履行其拖航义务的过程中是否有过失，原被告各执己见。

为了更好地解决案例中的问题，我们先学习下面的内容。

6.1 海难救助的概念

海难救助（salvage at sea），又称海上救助。根据《海商法》第一百七十一条的规定，海难救助是指在海上或者与海相通的可航水域，对遇险的船舶和其他财产进行救助的行为。

海难救助有广义和狭义之分。广义的海难救助包括对人、物的救助；而狭义的海难救助仅限于对物的救助。《海商法》第一百七十一条即限于对物的救助。

在司法实践中，各国对海难救助的形式规定不同，总结一下，大致有表6-1中的几种类型。

表6-1　　　　　　　　　　　　海难救助的类型

按遇难财产是否脱离所有人或其雇员的占有分	按救助人的情况分	按救助作业的情况分	按救助对象分
救助（没脱离）	强制救助	拖航救助	对人救助
捞救（已脱离）	义务救助	搁浅救助	对物救助
—	合同救助	抢险救助	—
—	自愿救助	守护救助	—
—	—	打捞救助	—
—	—	提供船员设备	—
—	—	灭火救助	—

海难救助是从纯救助开始的，后来发展成为合同救助，其基本内容见表6-2。

表6-2　　　　　　　　　　　　纯救助与合同救助

纯救助	合同救助	
合同以外的救助	雇佣合同救助	无效果无报酬救助
救助方自行救助	雇佣合同救助，即实际费用救助，指救助人与被救助人签订救助合同，根据合同计算救助报酬	救助人取得效果的才有救助报酬
—	属于雇佣合同，不论救助有无效果均可	属于承揽合同，报酬按效果定
—	风险和责任由被救助方承担。被救助方指挥救助	救助方指挥救助，承担风险和责任
—	这类合同的救助报酬较低	救助报酬事后协商
—	适用于相对简单容易的救助	多采用LOF2000劳氏救助合同标准格式
救助方义务：谨慎救助义务；防止或减少环境污染损害义务；交付获救财产义务		
被救助方义务：通力合作义务；防止或减少环境污染损害义务		

6.2 海难救助的构成要件

根据《海商法》和其他有关规定，海难救助必须具备以下要件：

（1）救助地点在海上或者与海相通的可航水域。

（2）救助标的是法律承认的。

（3）救助标的处于实在的危险之中。

（4）救助行为必须是非义务性的行为。非义务性的行为是针对义务性救助而言的，义务性救助一般包括：①船长、船员根据雇佣合同或职务章程做出的救助；②发生船舶碰撞后，双方的船长和船员对对方的救助；③履行拖航合同的义务；④引航员的职责救助；⑤旅客自救；⑥人命救助等。

根据《海商法》第一百八十六条第二款的规定，不顾遇险船舶的船长、船舶所有人或者其他财产所有人明确和合理的拒绝，仍然进行救助的，无权获得救助款项。

（5）救助有效果。《海商法》第一百七十九条、第一百八十二条规定，救助未取得效果的，除法律另有规定或合同另有约定外，无权取得救助款项。其第一百八十二条规定了无效果的对船货救助的特别补偿。

6.3 海难救助的款项

救助款项，指被救助方依照法律规定或合同约定向救助方支付的救助费用。

6.3.1 救助报酬

救助报酬是指被救助人向救助人支付的救助费用。

救助人向被救助人请求支付救助报酬时，必须符合一定的条件，即符合救助报酬请求权的构成要件（如图6-1所示）。

1）海难救助报酬的当事人

海难救助报酬的当事人包括报酬请求人和债务人。

2）海难救助报酬的标准

《海商法》第一百八十条规定了确定救助报酬应综合考虑的各项因素，具体有：

（1）船舶和其他财产获救的价值。

（2）救助方在防止或者减少环境污染损害方面的技能和努力。

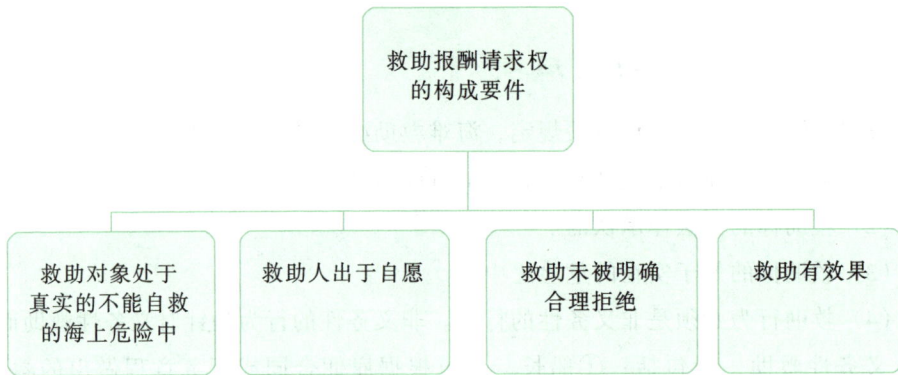

图6-1 救助报酬请求权的构成要件

（3）救助方的救助成效。

（4）危险的性质和程度。

（5）救助方在救助船舶、其他财产和人命方面的技能和努力。

（6）救助方所用的时间、支出的费用和遭受的损失。

（7）救助方或救助设备所冒的责任风险和其他风险。

（8）救助方提供救助服务的及时性。

（9）用于救助作业的船舶和其他设备的可用性和使用情况。

（10）救助设备的备用情况、效能和设备的价值。

（11）救助报酬不得超过船舶和其他财产获救的价值。救助报酬的金额，应当由获救的船舶或其他财产的各所有人按照船舶或其他财产各自的获救价值占全部获救价值的比例承担。

3）海难救助报酬的分配

海难救助报酬的分配包括救助人之间的分配和同一救助人内部的分配两种情况。

（1）救助人之间的分配。其一般按确定救助报酬数额标准的比例分配；前一救助人在无过失时享有优先分配权。

（2）同一救助人内部的分配。一般来说，船舶所有人会获得救助报酬的1/2～3/4。剩余的考虑救助参加人的贡献、职务等因素由船舶所有人进行分配。[①]

6.3.2 特别补偿

《海商法》第一百八十二条第一款规定，对构成环境污染损害危险的船舶或者船上货物进行的救助，救助方依照本法规定获得的救助报酬，少于依照本条规定可以得到的特别补偿的，救助方有权依照本条规定，从船舶所有人处获得相当于救助

---

① 屈广清. 海商法［M］. 北京：中国民主法制出版社，2005.

费用的特别补偿。值得注意的是，特别补偿是"无效果，无报酬"原则的例外。

如果救助方的过失或疏忽未能防止或减少环境污染损害，可以取消或减少救助方的特别补偿；如果救助方的过失或疏忽致使救助作业成为必需甚至更加困难，或救助方有欺诈等不诚实行为，应当取消或减少救助款项。

人命救助不被包括在海难救助范围之内，单纯的人命救助人无报酬请求权，容易给人的印象是人命价值不如财产价值，在海难中，可能先救财产后救人，或者对无财产者不救。《海商法》相应地也不给予单纯人命救助者报酬请求权。[①]《海商法》是否应该以人为本，规定人命救助者的报酬请求权呢？这值得深思。

6.4　救助拖带合同与海上拖航合同

6.4.1　救助拖带合同

救助拖带指在海难救助过程中，救助人以拖带方式对遇险船舶等实施救助的行为。救助拖带合同是救助人以拖带方式对遇险的船舶等实施救助而获得支付报酬的合同。

6.4.2　海上拖航合同

海上拖航，又称海上拖带，指承拖人利用拖船将无自航能力的船舶或者可浮物体经海路从一地拖至另一地而完成被拖船舶或者被拖物体空间转移的海上作业活动。

根据《海商法》第一百五十五条第一款的规定，海上拖航合同，是指承拖方用拖轮将被拖物经海路从一地拖至另一地，而由被拖方支付拖航费的合同。

海上拖航合同作为独立的海商合同，具有如下法律特征：

1）海上拖航合同的当事人是承拖方和被拖方

承拖方就是用拖船为被拖方提供服务，并向被拖方收取费用的一方当事人。承拖方一般是海上拖航公司或打捞救助公司。被拖方是接受承拖方提供的服务，并向其支付拖航费的一方当事人。

2）海上拖航合同的拖航对象是被拖物

被拖物，即海上拖航合同双方当事人的权利和义务所指向的拖航对象，如驳

---

①　张湘兰. 海商法论［M］. 武汉：武汉大学出版社，2003.

船、海上石油钻井平台、钻井设备、排筏、油囊、浮吊、浮动码头、浮动船坞等。

3）海上拖航合同是诺成、双务、有偿合同

海上拖航合同经当事人协商一致，即可成立。即使有的国家规定，签订海上拖航合同应当采取书面形式，但是，基于《海商法》调整海上拖航合同法律规范适用的任意性，也不改变海上拖航合同的诺成性质。而就海上拖航合同的内容来讲，其包含着承拖方和被拖方各自享有的权利和承担的义务，双方的权利和义务互为条件，构成双务合同。海上拖航合同作为承拖方从事经营性拖航业务的法律形式，属于有偿合同。承拖方以适合相应拖带业务的拖船提供拖带服务，而由被拖方向承拖方支付拖航费。[①]

小资料6-2　　　　　　　　　　　　**海上拖航合同与救助拖带合同**

在海难救助过程中，救助人采取拖带手段对遇险的船舶等实施救助，即构成救助拖带合同。但是，应当注意海上拖航合同与救助拖带合同之间的区别：

（1）两者的目的不同。海上拖航合同的目的是拖带，救助拖带合同的目的是以拖带的方式实施救助。

（2）两者的标的物不同。海上拖航合同的标的物是被拖物，而救助拖带合同的标的物则是处于危险状态下的被拖物。

（3）两者的报酬依据不同。海上拖航合同的报酬为拖航费，救助拖带合同的报酬是救助报酬。

海上拖航合同与救助拖带合同在特定条件下可以相互转化（如图6-2所示）。

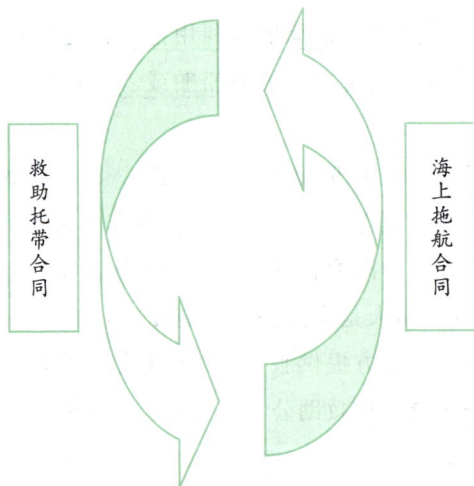

救助托带合同　　　　海上拖航合同

图6-2　救助拖带合同与海上拖航合同的关系

---

① 屈广清. 海商法［M］. 北京：中国民主法制出版社，2005.

6.5 国际公约的规定

有关海难救助的国际公约主要有《1910年统一海上救助若干法律规则的国际公约》（简称《1910年救助公约》）及其1967年议定书、《1938年统一对水上飞机的海难援助和救助及由水上飞机施救的某些规定的国际公约》、《1974年国际海上人命安全公约》及其1978年议定书、《1979年国际海上搜寻救助公约》、《1989年国际救助公约》。我国参加的相关公约主要有：《1989年国际救助公约》、《1974年国际海上人命安全公约》及其1978年议定书和《1979年国际海上搜寻救助公约》。其中，具有代表性的是《1910年救助公约》和《1989年国际救助公约》。我国于1993年12月29日加入了《1989年国际救助公约》，但没有参加《1910年救助公约》。

6.5.1 《1910年救助公约》

《1910年救助公约》由国际海事委员会于1910年9月23日在布鲁塞尔签订，1913年3月1日生效。该公约统一了海难救助的相关法律规定，如"无效果，无报酬"原则、"救助报酬确定"原则等。

《1910年救助公约》不适用于军用船舶或政府船舶。其1967年议定书将公约的适用范围扩大到军舰或政府船舶。我国没有参加该公约。

6.5.2 《1989年国际救助公约》

国际海事组织于1989年4月15日至28日在伦敦通过了《1989年国际救助公约》，1996年7月14日正式生效，我国于1993年12月29日通过了加入该公约的决定，并于1995年加入，同时对公约第30条第1款的a、b两项①作了保留。

本章小结

海难救助有广义和狭义之分。广义的海难救助包括对人、物的救助；而狭义的海难救助仅限于对物的救助，即对船舶或船上、海上其他财产的救助。《海商法》第一百七十一条并没有将人命救助包括在海难救助的范围内。

海难救助普遍接受的一项重要原则就是"无效果，无报酬"原则。

《海商法》第一百八十二条第一款规定，对构成环境污染损害危险的船舶或者船上货物进行的救助，救助方依照本法规定获得的救助报酬少于依照本条规定可以

---

① a.救助作业发生在内陆水域，而且涉及的所有船舶均为内陆水域航行的船舶。b.救助作业发生在内陆水域，而且不涉及船舶。

得到的特别补偿的，救助方有权依照本条规定，从船舶所有人处获得相当于救助费用的特别补偿。

海上拖航合同与救助拖带合同在特定条件下可以相互转化。

有关海难救助的国际公约主要有《1910年救助公约》《1989年国际救助公约》等。

主要概念

海难救助　　雇佣合同救助　　救助报酬　　救助拖带　　海上拖航

基础训练

▲ 选择题

（1）海难救助普遍接受的一项重要原则是（　　）。

A."无效果，无报酬"　　　　　　　　B."无救助，无报酬"

C."有救助，有报酬"　　　　　　　　D."无效果，有报酬"

（2）救助报酬在救助船舶所有人、船长、船员和参加救助的旅客或其他人员间协商决定分配标准，协商不成的由仲裁机构裁决。一般来说，船舶所有人会获得救助报酬的（　　）。

A.1/4 ~ 3/4　　　　B.1/3 ~ 1/2　　　　C.1/3 ~ 3/4　　　　D.1/2 ~ 3/4

（3）海上拖航中，承拖方要（　　），才能获得拖航费。

A.保证该拖带航次获得成功　　　　　B.保证该拖带航次获得较好效果

C.保证该拖带航次达到一定效果　　　D.只要尽到合理的谨慎和注意即可

（4）救助拖带报酬一般（　　）船舶拖航费。

A.高于　　　　　B.低于　　　　　C.等于　　　　　D.远低于

（5）我国规定，由于（　　）的过失致使救助作业成为必需或更加困难的，应当减少或取消救助款项。

A.救助方　　　　B.被救助方　　　　C.第三方　　　　D.任何人

▲ 判断题

（1）海上拖航合同是诺成、双务、有偿合同。　　　　　　　　　　（　　）

（2）救助报酬的债务人是获救船舶的所有人或其他财产的所有人，包括人命被救助者。　　　　　　　　　　　　　　　　　　　　　　　　　　（　　）

（3）特别补偿制度与"无效果，无报酬"原则是一致的。　　　　　（　　）

（4）通常情况下，海上拖航在当事人签订拖航合同前进行。　　　（　　）

（5）海上拖航不可以转化为海难救助拖带。　　　　　　　　　　（　　）

▲ 简答题

(1) 简述确定救助报酬的标准。

(2) 简述海上拖航合同的法律特征。

(3) 简述海上拖航转化为救助拖带后对拖带双方的影响。

(4) 党的"二十大"报告明确指出"必须坚持人民至上",在海难救助中如何具体体现该内容?

案例分析

(1) 某轮船在中国台湾海峡遇难,船舶即将沉没,船上的 19 名船员发出了求救信号。在附近捕鱼的我国渔民终止了拟进行两个星期的捕鱼,将船员全部救起并航行 19 个小时回到了安全港。船长对此表示感谢,但是对渔民付出的一切和受到的损失没有给予任何补偿。

资料来源 张丽英.海商法学 [M]. 北京:高等教育出版社,2006.

(2) 原告中华人民共和国汕头海事局诉被告中国石油化工股份有限公司广东粤东石油公司救助合同纠纷一案,本院于 2005 年 5 月 19 日受理后,依法组成合议庭,于 7 月 7 日召集双方当事人进行庭前证据交换,同日公开开庭进行了审理。原告委托代理人周崇宇和被告委托代理人袁雪到庭参加诉讼。本案现已审理终结。

原告汕头海事局诉称:2005 年 1 月 26 日,"明辉 8"轮与"闽海 102"轮在南澳岛附近海域发生碰撞,"明辉 8"轮 1 号货油舱左舷破损进水并沉没。事故发生后,被告发函委托原告对"明辉 8"轮上的货油进行救助,并承诺货油获救后,根据《海商法》以及相关法律、法规的规定,支付有关费用。原告接受委托后,组织交通部上海打捞局对"明辉 8"轮上的货油进行救助。上海打捞局立即派遣"沪救捞 3"轮抽取该轮所载货油,至 2005 年 2 月 6 日完成抽油工作。共抽取货油 426 立方米,先存放于"鹭岛油 306"轮,后寄存于汕头市南澳金萌渔业材料有限公司(下称金萌公司)所属南澳外青山油库,产生救助费用人民币 4 324 090 元。2005 年 3 月 4 日,原告发函要求被告在 5 天内支付上述费用,被告没有支付,也不提供担保。由于获救货油为油水混合物,存放时间过长易变质,且保管费用不断增加,为了减少损失,原告依法请求广州海事法院拍卖获救货油。广州海事法院准许原告的请求,于 2005 年 4 月 19 日对 426 立方米货油进行公开拍卖,成交价为每立方米 3 150 元。原告认为,本案救助合同关系成立,原告根据被告的委托对"明辉 8"轮所载货油进行救助,取得了救助效果,有权获得救助报酬,被告应支付不超过获救货物价值的救助报酬。

原告提交的证据材料有：①"明辉8"轮与"闽海102"轮的水上交通事故报告书；②原告致交通部上海打捞局《关于委托对"明辉8"轮所载货油救助的函》以及双方签订的合同书；③"沪救捞3"轮船舶证书、救助人员资质证书、航海日志15页；④上海打捞局引进有关抽油设备的转贷款协议、发票以及救助应急物资器材出、入库单；⑤上海打捞局与厦门申鹭船务有限公司（下称申鹭公司）签订的租船协议；⑥"鹭岛油306"轮船舶证书、航海日志13页、船舱计量记录；⑦粤汕海事〔2005〕31号《关于支付"明辉8"轮货油救助费用的函》以及被告的复函；⑧上海打捞局出具的"明辉8"轮货油费用清单、《关于"明辉8"轮沉船剩油抽出工程计收费的函》（以下简称《抽油计费函》）、救助费计算办法及相关情况的说明；⑨原告与上海打捞局签订的救助费用结算确定书等。

被告辩称：①汕头海事局不是救助方，与本案没有直接的利害关系，不是本案适格原告；②肇事船方没有履行清污义务，原告依法实施清污、抽取货油、消除污染隐患，是其作为行政主管部门履行法定职责的行为；③被告没有委托救助，不应承担救助费用。原告清污在前，被告发函在后，发函的目的是最大限度地减少损失并提供救助油品储存地，并非委托原告进行救助。

被告在举证期间内提交了以下证据材料：①汕海事强字〔2005〕第040001号海事行政强制措施决定书；②汕海事强字〔2005〕第040001号海事行政强制告诫书；③汕海事强字〔2005〕第040001号海事行政强制执行书；④汕头海事局简介；⑤汕航通字2005004号航行通告；⑥被告致原告有关"明辉8"轮海上事故处理事宜的函等。

资料来源　傅志军.国家海事主管机关从事的海难救助的报酬问题——对汕头海事局诉中石化粤东石油公司案的法律分析〔EB/OL〕.〔2015-08-21〕. http://www.ccmt.org.cn/shownews.php?id=8126.

问题：（1）案例（1）中，渔民是否应该得到补偿？请根据我国法律规定谈谈自己的看法。

（2）案例（2）中，法院是否应该支持原告的主张？

实践训练

实训项目一： 计算救助报酬能力的训练项目。

以《1989年国际救助公约》为例，设A是救助成功时获得的报酬（保险公司承担），B是保护环境成功获得的特别补偿（100%＜B＜200%，大于救助报酬的由保赔协会承担），C是保护环境不成功获得的特别补偿（100%＜B＜200%，由保赔协会承担）。具体见表6-3。

表6-3　　　　　　　　　　　　　答题表

项目	第13条	第14条	支付情况
救助成功且保护了环境	获得A	获得B	如果A＞B或A=B，支付（　　） 如果A＜B，支付（　　）
救助成功未保护环境	获得A	获得C	如果A＞C或A=C，支付（　　） 如果A＜C，支付（　　）
救助不成功但保护了环境	—	获得B	支付（　　）
救助不成功未保护环境	—	获得C	支付（　　）

具体组织与要求：请填写"（　　）"部分的计算方法，并且指出由谁来承担赔偿。[①]

考核标准：救助成功且保护了环境，如果A＞B或A=B，只支付A即可；如果A＜B，支付A+（B-A）。救助成功未保护环境，如果A＞C或A=C，只支付A即可；如果A＜C，支付A+（C-A）。救助不成功但保护了环境，支付B。救助不成功未保护环境支付C。救助报酬由保险公司承担；特别补偿由保赔协会承担。

实训项目二：关于海难救助报酬确定范围的拓展能力训练项目。

关于单纯的人命救助无报酬请求权，是一个值得考虑的理论及实践问题。各国的规定不一，《海商法》为了鼓励救助，还规定了可以进行合理的绕航等内容。该训练项目可分为正反两组进行辩论，厘清思路，把握立法发展的方向。目的是将以人民为中心的理念、人类命运共同体的理念融入其中，让见义勇为、海上救助行为得到鼓励与支持，让"救"或"不救"不再成为一个问题。请同学们根据下图中的内容思考：①根据图中内容能否确定救人者是见义勇为还是海上救助？两者有何区别？②在见义勇为或者海上救助过程中，被救者如果有多人，是否有先后顺序的考虑？③见义勇为人或海上救助人的损失该如何承担？

---

① 司玉琢. 海商法［M］. 北京：法律出版社，2003.

海商法

考核标准：一是对法律现有规定的正确理解与应用程度；二是根据提出的解决方案的合理性及可操作性等情况（因有些目前没有固定答案，同学们可以根据法理、道德等进行思辨，开拓思路，拓展思辨能力），由老师予以评价。

第7章

共同海损

学习目标

知识目标：了解共同海损的概念与特征、共同海损的构成要件；理解共同海损与单独海损的区别。

技能目标：能够基本掌握共同海损理算规则及相关的应用技巧。

能力目标：能够灵活运用共同海损理算的法律依据，具有确定共同海损损失金额、共同海损分摊金额的能力。

素养目标：能够全面理解与掌握海商法理论、制度及规则的价值和意义，坚持中国海商法律文化与法律制度的充分自信，自觉维护社会主义法治原则，以实际行动弘扬社会主义核心价值观。

引例　　　　　　　海损的理算与法律适用

一条载货船从青岛出发驶往日本，在航行中货船起火，大火蔓延到机舱。船长为了船货的共同安全，命令采取紧急措施，往舱中灌水灭火。大火被扑灭后，由于主机受损，无法继续航行，船长雇用拖轮将货船拖回青岛修理，检修以后重新将货物运往日本，事后经过调查，此次事件造成的损失有如下几项：①500箱货物被火烧毁；②1 500箱货物因为灌水灭火遭受损失；③主机和部分甲板被烧坏；④雇用拖轮费用；⑤额外增加的燃料和船长、船员工资。

资料来源　北京万国学校.国家司法考试历届真题分类解读［M］.北京：人民法院出版社，2007.

分析：以上各项损失，哪些属于共同海损，哪些属于单独海损？如果在日本进行理算，应该适用哪个国家的法律？要正确解决这些问题，就需要对共同海损进行全面的了解，如需要了解共同海损与单独海损的界定标准，了解海损的理算与法律适用方面的具体规定，如目前国际上普遍适用的《约克–安特卫普规则》等。共同海损是海商法所特有的一项法律制度，是基于公平原则，为了船货各方的共同安全与利益，由该行为的受益人公平分摊损失的方法。共同海损的重要内容有：共同海损的构成要件；共同海损的牺牲；共同海损的理算等。

7.1 共同海损的概念与特征

7.1.1 共同海损的概念

在各国的海商法实践中，海损分为狭义的海损和广义的海损（见表7–1）。

表7–1　　　　　　　　　　　　海损的分类

狭义的海损	广义的海损		
非常的海损	通常的海损（指根据通常原因产生的损害）	非常的海损（指由于非常原因产生的损害）	
—	—	全部损失	部分损失
—	—	实际全损　　　推定全损	共同海损　　　单独海损
—	—	船货物理上的全部灭失　推定的船货在经济价值上的灭失	—　　因自然灾害、意外事故或其他特殊情况而直接造成的船舶或货物的损失

关于共同海损的定义，根据《海商法》第一百九十三条第一款和第一百九十四条的规定可知，共同海损（general average），是指在同一海上航程中，船舶、货物和其他财产遭遇共同危险，为了共同安全，有意地合理地采取措施所直接造成的特殊牺牲、支付的特殊费用，由各受益方分摊的一种法律制度。

在各国的立法中，共同海损的表现形式主要有两种基本类型（见表7–2）。

表7–2　　　　　　　　　　　　共同海损的表现形式

共同海损牺牲	共同海损费用
共同海损牺牲（general average sacrifice），是指共同海损行为所造成的有形的物质损坏或灭失	共同海损费用指因采取了共同海损措施而支付的费用

1）船舶牺牲 船舶牺牲指船舶或船用物料因采取船货共同安全的共同海损措施而造成的损失。其主要包括如下情形： （1）扑灭船上火灾。为扑灭船上火灾而采取的喷水、灌水、凿船、搁浅等措施所造成的损害，应列入共同海损。但是，已经着火的部分不能作为共同海损 （2）抛弃船上物料或燃料。为了脱浅，将按航运习惯放置在甲板上的物料（如锚、救生艇等）抛弃，属于船舶牺牲，应列入共同海损 （3）割弃残损物。为了船货的共同安全，割弃船上残损物本身的费用和对船舶的进一步损害是共同海损，但是，该被切除的残损物本身不能作为共同海损 （4）有意搁浅。搁浅后，油漆船底的费用，《海商法》无相关规定 （5）起浮脱浅所造成的对船舶的损害。在船舶搁浅并对船货造成危险的情况下，为了共同安全起浮船舶，对船机、锅炉、船底、船壳等造成的损害，应列入共同海损 （6）用作燃料的船用材料和物料。当船舶燃料耗尽，为了共同安全，将船用材料和物料当燃料使用，这种损失可以作为共同海损	1）避难港费用
2）货物牺牲 货物牺牲是指共同海损的措施导致的船上货物损失，主要有抛弃货物、湿损、其他货物损失 （1）抛弃货物。在船舶搁浅的情况下，将放置在甲板上的货物抛弃，以减轻船舶载重，由此造成的损失应列为共同海损。但是，货物因缺陷而造成危险被抛弃的，不能作为共同海损 （2）货物的湿损。因采取共同海损措施而使货物被水浸湿的损失，属于共同海损 （3）其他货物损失。遇难船舶因燃料不足而将船上货物作为燃料的货物损失，应列为共同海损 其他财产牺牲与货物牺牲大体相同	2）救助费用
3）运费牺牲 货物在海运途中因共同海损而牺牲，运费损失属于共同海损	3）代替费用 《海商法》第一百九十五条规定，为代替可以列为共同海损的特殊费用而支付的额外费用，可以作为代替费用列入共同海损；但是，列入共同海损的代替费用的金额，不得超过被代替的共同海损的特殊费用
—	4）其他费用 如共同海损的利息、理算费用、垫付共同海损的手续费、索赔费用、共同海损保险费、共同海损损失的检验费、船主监修人的费用、避难港代理费和通信费等

7.1.2　共同海损的特征

通过共同海损制度，实现风险合理分摊，对航运事业的健康发展具有十分重要的意义。

共同海损制度是海商法特有的制度，具有明显的特征（如图7-1所示）。

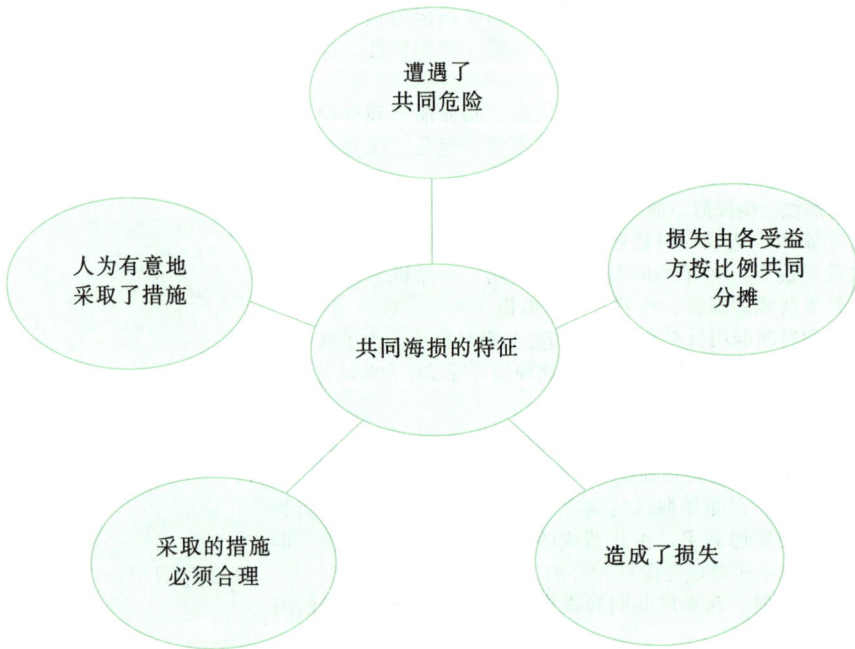

图7-1　共同海损的特征

7.2　共同海损的构成要件

（1）船舶和货物遭遇共同的真实的危险

共同危险是指对船舶和货物都构成威胁的危险，仅仅危及船舶或货物单方的危险不构成共同海损。共同危险包括自然灾害、意外事故等海上风险。

真实的危险指这种危险必须是真实存在的，不是主观推断的。主观判断失误而采取措施所造成的损失，不构成共同海损。

（2）采取的措施必须是有意的、合理的

有意是指明知采取措施会造成船舶或货物的损失，但为了避免船货遭受更大的损失，不得不采取措施做出的牺牲或产生的费用。合理是指尽可能以最小的牺牲换取船货的共同安全，采取的措施对排除险情是必要的，不超过实际需要。

（3）采取措施的目的是牺牲较小的直接利益，保全较大利益

被牺牲的利益较小且是直接的损失、特殊的损失。

所谓直接的损失，是指损失是共同海损直接造成的。船期损失、滞期损失等间接损失不是共同海损。特殊的损失指损失必须是非正常的。正常航行中的开支不是共同海损。

（4）采取的措施必须有效

如果无效，共同海损就没有存在的基础。

7.3　当事人的过失与共同海损的关系

7.3.1　承运人的过失与共同海损

导致共同海损事故的原因可能是自然灾害、意外事故和其他特殊情况，但是如果该事故是由承运人的过失引起的，包括可以免责的过失和不可免责的过失，情况则是不同的。

（1）承运人可以免责的过失所致的共同海损

承运人可以免责的过失，指承运人可以免除赔偿责任的一种过失。《海商法》第一百九十七条规定：引起共同海损特殊牺牲、特殊费用的事故，可能是由航程中一方的过失造成的，不影响该方要求分摊共同海损的权利；但是，非过失方或者过失方可以就此项过失提出赔偿请求或者进行抗辩。

（2）承运人不可免责的过失所致的共同海损

不可免责的过失指承运人不可免除赔偿责任的过失。此种过失不能分摊共同海损的权利。

7.3.2　托运人的过失与共同海损

《海商法》第七十条规定："托运人对承运人、实际承运人所遭受的损失或者船舶所遭受的损坏，不负赔偿责任；但是，此种损失或者损坏是由于托运人或者托运人的受雇人、代理人的过失造成的除外。"在托运人的过失导致共同海损的情况下，托运人负损失的赔偿责任；在托运人没有过失的情况下，对共同海损应该分摊。《海商法》第六十八条第二款规定，托运人在无过失情况下装运危险货物，不影响共同海损分摊的权利。

新"杰森"条款

1910年美国法院受理"杰森"上诉案时，肯定了共同海损疏忽条款的效力，并将该条款命名为"杰森"条款。之后，美国各船公司都对提单上的"杰森"条款进行了修改，并将其称为新"杰森"条款。新"杰森"条款的内容主要有：船舶因船长、船员或引航员的过失发生事故而采取救助措施时，即使救助船与被救助船属于同一船公司，被救助船仍然必须支付报酬，该报酬可以作为共同海损费用。此外，新"杰森"条款还补充了保险人的责任规定。

7.4　共同海损理算

7.4.1　共同海损理算的定义

共同海损理算（adjustment of general average），是指专门人员对共同海损的费用和受益方的分摊数额进行的审核和计算。

1）共同海损理算人

海损理算人（adjuster）是专门从事共同海损理算的机构或人员。我国只有理算机构可以开展理算工作。我国进行理算的机构是中国商会内设的海损理算处。

2）共同海损理算的原则

根据《海商法》第二百零三条的规定，共同海损理算应当：①依据合同明确约定的理算规则进行理算；②合同未作约定，适用《海商法》第十章规定的规则进行理算；③合同没有约定，《海商法》也未作规定的，适用其他法律进行理算。

3）共同海损理算的程序

（1）共同海损理算的宣布和担保

共同海损事故发生后，要宣告和确认共同海损，一般由船长在第一个卸货港宣布共同海损。由各相关方提供担保。

（2）共同海损理算的方法

①共同海损损失金额的确定。共同海损的损失金额（total amount of general average）指共同海损措施给船货等财产造成的损失和支付的费用的总和，包括船舶损失金额、货物损失金额、运费损失金额。在计算共同海损损失金额时，应扣除船舶、货物单独海损和属于单独海损的货物的运费损失。

a.船舶损失金额（amount allowable for loss or damage to ship），有船舶单独海损损失金额和共同海损损失金额之分。单独海损的损失不应计算在内。《海商法》第一百九十八条第一款规定，确定船舶共同海损损失金额分三种情况：船舶进行修理的，按照实际支付的修理费，减除合理的以新换旧的扣减额计算（所谓以新换旧，是指在修理时，根据需要，用新材料、新部件或新设备更换了船舶因共同海损牺牲或受损的旧材料、旧部件、旧设备。因为这样就使船舶超过了恢复原状的程度，所以在确定船舶损失金额时应从修理费中按一定比例扣减）；船舶尚未修理的，按照船舶牺牲造成的合理贬值计算，但不得超过估计的修理费；船舶发生实际全损或者修理费用超过修复后的价值的，共同海损的损失金额按该船舶在完好状态下的估计价值，减除不属于共同海损损坏的估计的修理费和该船舶受损后的价值的余额计算。

b.货物损失金额（amount allowable for loss or damage to cargo）是指由海损事故造成的货物的损失金额。根据《海商法》第一百九十八条第二款的规定，货物灭失的，按照货物在装船时的价值加保险费和运费，减除由于损失而无须支付的运费计算。货物损坏的，在就损坏程度达成协议前出售的，按货物在装船时的价值加保险费和运费，与出售货物净得的差额计算。对于装上船的货物未申报或谎报的，其遭受的特殊损失不得列入共同海损，但应参加共同海损分摊。不正当地以低于货物实际价值作为申报价值的，按实际价值分摊共同海损；牺牲的，按申报价值计算牺牲金额。

c.运费损失金额（amount allowable for loss of freight）是指由于货物损失而给承运人带来的运费损失金额。根据《海商法》第一百九十八条第三款的规定，运费共同海损牺牲的金额，按照货物遭受牺牲造成的运费的损失金额，减除为取得这笔运费本应支付，但由于牺牲无须支付的营运费用计算。

②共同海损分摊价值的确定。共同海损分摊价值（contributory value of general average）是指船舶、货物和运费的所有人，因共同海损措施而分别受益的价值。共同海损应由受益方按照各自的分摊价值比例分摊。共同海损分摊价值包括船舶分摊价值、货物分摊价值和运费分摊价值等。

a.船舶共同海损分摊价值（contributory value of ship），是指应该参加共同海损分摊的船舶的价值。根据《海商法》第一百九十九条第二款的规定，船舶分摊价值按照船舶在航程终止时的完好价值，减除不属于共同海损的损失金额计算，或者按照船舶在航程终止时的实际价值加上共同海损牺牲的金额计算。这两种计算方法的结果应是相同的。在确定价值时，不应将租船所可能获得的租金或遭受的租金损失计算在船舶价值中。

b.货物共同海损分摊价值（contributory value of cargo），是指应该参加共同海损分摊的货物的价值。根据《海商法》第一百九十九条第二款的规定，货物分摊价值按照货物在装船时的价值加保险费和运费，减除不属于共同海损的损失金额和承运人承担风险的运费计算。

c.运费共同海损分摊价值（contributory value of freight），是指承担风险，并于航程终止时才有权收到的运费。根据《海商法》第一百九十九条第二款的规定，运费的分摊价值，按照承运人承担风险并于航程终止时有权收取的运费，减除为取得该项运费而在共同海损事故发生后，为完成本航程所支付的营运费用，加上共同海损牺牲的金额计算。应注意的是，对于邮件、旅客行李和私人物件、私人随带的机动车辆，应该免除分摊共同海损的义务。

③共同海损分摊金额的确定。共同海损分摊金额是指因共同海损措施而受益的船舶、货物、运费等，根据各自受益财产价值应承担的共同海损损失的数额。在共同海损理算中，首先应以共同海损损失总额除以共同海损分摊价值总额，再乘以100%，得出共同海损百分比，然后用之分别乘以船舶、货物、运费等的分摊价值，就可以算出各自的分摊金额，公式如下：

共同海损百分比=共同海损损失总额÷共同海损分摊价值总额×100%

船舶共同海损分摊金额=船舶共同海损分摊价值×共同海损百分比

货物共同海损分摊金额=货物共同海损分摊价值×共同海损百分比

运费共同海损分摊金额=运费共同海损分摊价值×共同海损百分比

7.4.2　我国的理算规则

我国的理算规则主要是《中国国际贸易促进委员会共同海损理算暂行规则》，简称《北京理算规则》，该则包括前言和8条规定（见表7-3）。

表7-3　　　　　《中国国际贸易促进委员会共同海损理算暂行规则》

名称	1975年《中国国际贸易促进委员会共同海损理算暂行规则》
共同海损的范围	包括共同海损损失（船、货、运费损失），共同海损费用（救助费用、避难港费用、其他额外费用、代替费用）
理算原则	明确责任、实事求是、公平合理；提出理算要求的一方和其他有关各方，有举证的责任
理算的简化要求	共同海损理算应尽量简化，避免烦琐的手续和计算；理算书应力求简明扼要，便于执行。对于简单的案件或金额较小的案件，可做简易理算或不进行理算
损失金额的计算	船舶的损失金额依损失部分实际支付的合理修理费计算，如尚未进行修理，则按必要修理的合理估计费用估算；燃料、物料等损失按实际价值计算。货物的损失金额依损失部分的到岸价格，减除因损失无须支付的营运费用计算。运费的损失金额依货物受损而引起的运费损失金额，减除因损失无须支付的营运费用计算

续表

共同海损分摊价值	船舶的分摊价值依船舶在航程终止的当地完好价值减除不属于共同海损的损失金额计算；货物的分摊价值依货物的到岸价格，减除不属于共同海损的损失金额和承运人承担风险的运费计算；运费的分摊价值依承运人承担风险并于事后收得的运费，加上列入共同海损的运费损失金额计算
利息及手续费	对共同海损的损失和费用，给予7%的年利息；对于垫付的共同海损费用，除工资、给养、燃料、物料外，手续费为2%
担保	共同海损的担保可以是保证金，也可以是保函
时限要求	船舶在发生海上事故的情况下，应在船舶到达第一港口后48小时之内宣布共同海损。船舶在港内发生事故的，应在事故发生后48小时之内宣布共同海损，提供有关证明材料的时限为有关方收到通知后1个月内，全部材料应该在航程结束后1年内提供

7.5 国际公约的规定

共同海损理算，目前国际上最普遍适用的是《约克-安特卫普规则》（York-Antwerp Rules）。《海商法》主要是参照1974年《约克-安特卫普规则》制定第十章共同海损的。

《约克-安特卫普规则》是由欧美海运国家于1860年在英国格拉斯哥制定的，于1864年在国际共同海损大会上通过，先后经过1877年、1890年、1924年、1950年、1974年、1990年、1994年、2004年、2016年修订。当事人在选择该规则时，都会注明选择哪一年的版本。2016年修订的《约克-安特卫普规则》有些不同的规定内容：除首要规则和数字规则已有规定者外，共同海损应按字母规则理算。关于首要规则，规定牺牲或费用除合理做出或支付者外，不得受到补偿。此外，还规定了运费损失、分摊价值、保证金的处理等内容。

小资料7-2　　　　　　　　　理算上的共同安全派和共同利益派

对于理算，有共同安全派和共同利益派两种观点。共同安全派认为共同海损是为了共同安全，牺牲和费用以船货达到安全为限，其后发生的牺牲和支付的费用不能列入共同海损范围。共同利益派认为以船舶安全续航为限，牺牲和费用的列入应予以放宽。

■ 本章小结

共同海损是海商法所特有的一项法律制度，是基于公平原则，为了船货各方的共同安全与利益，由该行为的受益方公平分摊损失的方法。共同海损的重要内容有共同海损的构成要件、共同海损的牺牲、共同海损的理算等。

《海商法》第七十条规定："托运人对承运人、实际承运人所遭受的损失或者船舶所遭受的损坏，不负赔偿责任；但是，此种损失或者损坏是由于托运人或者托运人的受雇人、代理人的过失造成的除外。"

共同海损的损失金额包括船舶损失金额、货物损失金额、运费损失金额。在计算共同海损损失金额时，应扣除船舶、货物单独海损和属于单独海损的货物的运费损失。

共同海损分摊金额是指由于共同海损措施而受益的船舶、货物、运费等，根据各自受益财产价值应承担的共同海损损失的数额。

共同海损理算，目前国际上普遍适用的是《约克-安特卫普规则》。

主要概念

共同海损　船舶牺牲　共同危险　共同海损理算　海损理算人

基础训练

▲ 选择题

（1）共同海损是海损的一种。海损包括全部损失与部分损失，全部损失包括（　　　）。

A.实际全损　　　　　B.推定全损　　　　　C.共同海损　　　　　D.单独海损

（2）由于货物本身的（　　　）而造成危险被抛弃的，不能作为共同海损。

A.颜色　　　　　　B.重量　　　　　　C.形状　　　　　　D.缺陷

（3）因当事人过失所造成的共同海损，损失由（　　　）承担。

A.无过失一方　　　　　　　　　　B.过失一方

C.过失一方为主　　　　　　　　　D.按约定分摊

（4）共同海损理算应当（　　　）。

A.依据合同明确约定的理算规则进行理算

B.首先根据《海商法》的理算规则进行理算

C.首先根据国际条约的理算规则进行理算

D.首先根据国际惯例的理算规则进行理算

（5）《海商法》主要是参照1974年《约克-安特卫普规则》制定了（　　　）共同海损。

A.第八章　　　　　B.第九章　　　　　C.第十章　　　　　D.第十一章

▲ 判断题

（1）共同海损牺牲是指共同海损行为所造成的有形的、无形的物质损坏或灭失。　　　　　　　　　　　　　　　　　　　　　　　　　（　　）

（2）货物在海运途中因共同海损而牺牲，使承运人不能得到预期的运费。这时，运费损失不属于共同海损的范围。　　　　　　　　　　　　　（　　）

（3）我国进行理算的机构是中国商会内设的海损理算处。　　（　　）

（4）共同海损理算书是各方分摊共同海损和结算的科学依据，具有法律效力。
　　　　　　　　　　　　　　　　　　　　　　　　　　　　（　　）

（5）1994 年《约克-安特卫普规则》由字母规则和数字规则两部分组成。
　　　　　　　　　　　　　　　　　　　　　　　　　　　　（　　）

▲ 简答题

（1）简述共同海损的构成要件。

（2）简述共同海损与单独海损的区别。

（3）简述共同海损分摊金额的确定。

（4）党的"二十大"报告明确提出："努力让人民群众在每一个司法案件中感受到公平正义。"请结合该章共同海损的内容，谈谈如何实现这一目标。

案例分析

A 公司租 B 船从外地购糖，并投保海上贸易运输保险水渍险。运单上没有注明同意将白砂糖配载在甲板上，但船东将部分白砂糖配载在了甲板上。航行中，遭遇八级大风巨浪，甲板上的白砂糖歪至一边。为了保持平衡，船东决定将甲板上的部分白砂糖抛至海中，到港后发现除了抛弃部分，还有部分白砂糖受潮、包装受损、短量，于是，A 向保险公司索赔。经调查，发现 B 船由渔船改装，抗风等级为八级，但初检适航证书已过期。

资料来源　屈广清.海商法学［M］.北京：中国民主法制出版社，2005.

问题：抛弃白砂糖造成的损失是否属于共同海损？

实践训练

实训项目一：共同海损理算能力的训练项目。

（1）一万吨货轮载货驶往国外港口，航行中发生碰撞事故，船体严重受损，船舶处于危险之中。船长此时签订了救助合同，使船舶获救，拖入锚地。由于船舶损坏严重，验船师提出必须进修船坞进行永久性修理后方可继续航行，但是进附近的修船坞必须卸载所有货物。船东面临的选择有：①将货物卸下，对船舶进行修理，修理完成后，将货物重新装船，继续航程。②对损坏部分进行临时性修理，在航次结束后再进行永久性修理。③将货物用代替船转运到目的港，船舶留在避难港完成修理。由于船体损坏严重，临时性修理不能完成航程，考虑到港口费用和其他费用损失后，选择了用代替船运货至目的港，船舶留下完成修理。救助人在取得救助担保后，由各受益人按各自比例支付了应摊报酬，船东宣布了共同海损。请你作为理算师协助船东在理算后收回垫付的共同海损费用。

具体组织与要求：根据有关规则和要求进行。

考核标准：以协助船东在理算后收回垫付的共同海损费用为标准进行考核。

（2）假如某船船龄19年，价值600万元，载运一批杂货，货物价值500万元。航行中货物起火，采取灭火措施无效以后，船长决定将船挫洞搁浅并将火扑灭，然后请拖船将船舶拖往避难港进行永久性修理，这时船舶在当地的实际价值为578万元（火烧使其损失了12万元），其他项目如下：

第一，共同海损的总额34.51万元，其中：①船舶共同海损损失9.31万元，包括机舱进水损失2万元，拖船费6万元，检验船底费0.1万元，挫洞搁浅修理费0.6万元，船台费0.3万元，油漆船底费0.2万元，灯塔费0.06万元，引航费0.05万元。②货物共同海损损失20万元（共损失100万元，其中火灾造成单独海损80万元）。③运费共同海损损失5.2万元（共同海损行为引起损失6万元，减除货物损坏而少支付营运费用0.8万元）。

第二，共同海损分摊价值1 019.31万元，其中：①船舶分摊价值587.31万元（578+2+6+0.1+0.6+0.3+0.2+0.06+0.05）。②货物分摊价值420万元（500−80−20+20，其中500万元为货物海损前的价值，400万元（500−80−20）为卸货时完好价值，20万元为单损）。③运费分摊价值12万元（13−6−1+6，其中13万元为应收运费，6万元为货物共同海损损失所引起的运费损失，1万元为发生共同海损以后应该支付的营运费用）。[①]

具体组织与要求：请同学们作为理算师，根据程序要求，具体计算共同海损分摊金额。

考核标准：

共同海损百分比=34.51÷1 019.31×100%=3.386%

船舶分摊金额=5 873 100×3.386%=198 863.17（元）

货物分摊金额=4 200 000×3.386%=142 212.00（元）

运费分摊金额=120 000×3.386%=4 063.20（元）

共同海损分摊金额共345 138.37元。

---

① 司玉琢.海商法［M］.北京：法律出版社，2003.

实训项目二：关于海盗赎金的性质认定能力训练。

近年来，海盗问题对航运业产生了重大影响，《国际船舶和港口设施保安规则》（ISPS规则）提出了船舶安装保安报警、自动识别系统等要求，联合国也多次通过决议打击海盗现象，但海盗问题仍然存在。2009年10月，青岛远洋公司的"德新海"轮在印度洋被海盗劫持，后经多方努力才获救。仅2008年，全球支付的海盗赎金就达1.5亿美元。如果你是船务公司的法务人员，请尝试将海盗赎金纳入共同海损或者纳入保险赔偿范围，并提出支撑理由。

考核标准：一是如果将海盗赎金分别纳入共同海损和保险赔偿范围，具体分析两者的不同；二是提出的谈判理由及支撑材料情况。

第8章

海事赔偿责任限制

学习目标

知识目标：了解海事赔偿责任限制的基本含义；理解海事赔偿责任限制的条件与适用的债权。

技能目标：能够根据海事赔偿责任限制制度的主要内容的要求，掌握责任主体根据法律规定申请限制其责任时所必须履行的程序。

能力目标：能够灵活运用各种不同的海事赔偿责任限制的制度，具有确定及选择适用海事赔偿责任限制的能力。

素养目标：能够全面理解与掌握海商法理论、制度及规则的价值和意义，坚持中国海商法律文化与法律制度的充分自信，自觉维护社会主义法治原则，以实际行动弘扬社会主义核心价值观。

引例　兴亚航运有限公司向法院申请设立海事赔偿责任限制基金案

申请人兴亚航运有限公司于2004年8月5日向法院申请设立海事赔偿责任限制基金，法院受理以后，向利害关系人发出通知，并于2004年9月1日至9月3日连续3天在《人民日报》上发布公告。异议人海宇渔业有限公司于2004年9月2日向法院提出异议，法院据此举行听证会，由申请人和异议人举证并发表意见。

申请人称，其所属的兴亚东京轮于2004年7月11日凌晨在韩国水域与荣大洋2号轮发生碰撞，荣大洋2号轮沉没，兴亚东京轮也因碰撞造成损失，在韩国修理。荣大洋2号轮所有人海宇渔业有限公司于2004年7月12日在法院提起诉讼，要求申请人赔偿损失人民币3 000万元。2004年7月14日，法院应申请在天津扣押了兴亚东京轮，申请人为了释放船舶，由中国再保险公司向海宇渔业有限公司提供了400万美元的信誉担保。申请人认为，根据中国法律的规定，作为兴亚东京轮的所有人，有权就该碰撞事故所产生的或与之有关的海事赔偿请求享受责任限制。申请人要求：（1）确认其对该次碰撞事故享受责任限制。（2）为兴亚东京轮因碰撞事故引起的人身伤亡赔偿请求设立责任限制基金。该船舶的登记吨位为4 914吨，其责任限额应为903 971特别提款权，约合1 326 090美元。异议人称，碰撞事故发生以后，申请人的兴亚东京轮在自身没有任何危险的情况下，不顾荣大洋2号轮的呼救，没有采取任何救助措施是造成荣大洋2号轮沉没的直接原因，因此应该认为兴亚东京轮没有履行法定义务，其已经丧失了责任限制的权利。另外，申请人的责任限额应为904 138特别提款权，而非903 971特别提款权，其申请的责任限额不符合法律的规定。异议人请求驳回申请人的申请，而申请人坚持自己的申请。此时，法院到底应该听谁的呢？

资料来源 张湘兰. 海商法学习指导［M］. 武汉：武汉大学出版社，2008：224-225.

分析：海事赔偿责任限制是《海商法》赋予船舶所有人、经营人、承租人等的一种法定特权。依据《海商法》，海事赔偿责任限额适用金额制，并以特别提款权为赔偿限额的计算单位。责任主体提供责任限制基金后，赔偿请求人不得对责任人的任何财产行使权利。下面将具体介绍这些内容。

8.1 海事赔偿责任限制概述

8.1.1 海事赔偿责任限制的性质

海事赔偿责任限制（limitation of liability for maritime claims）是因海难事故造成人身伤亡和重大财产损失时，依法将责任人的赔偿责任限制在一定范围内的一种规定。

海事赔偿责任限制的性质为：

（1）海事赔偿责任限制是一种相对的赔偿。海事赔偿责任限制的赔偿不是完全的赔偿，对于那些依法被申请的债权，超出限制的部分因为法律的规定不能获得赔偿，债权归于消灭，海事赔偿请求人不得对其再行申请仲裁或起诉。

（2）海事赔偿责任限制是一种法定的权利。哪些船舶可以适用赔偿责任限制，哪些责任人、哪些债权享受责任限制，都由《海商法》来规定，不能依据当事人双方的约定。值得注意的是，如果责任人故意造成或明知会造成损失却轻率地作为或不作为，将丧失主张责任限制的权利。

（3）海事赔偿责任限制是一种特殊的责任。海事赔偿责任限制既不同于民法上的赔偿责任原则，也不同于海上货物运输中的单位责任限制。海事赔偿责任限制是将责任人的赔偿按照船舶吨位或船价对每次事故或航次所引起的债务进行的限制。

8.1.2 海事赔偿责任限制制度的意义

海事赔偿责任限制制度是与民法损害赔偿制度不同的一种制度，随着经济的不断发展，关于该制度存在的必要性，在学者们之间也存在着不同的看法，但事实上，海事赔偿责任限制制度具有非常重要的意义（如图8-1所示）。

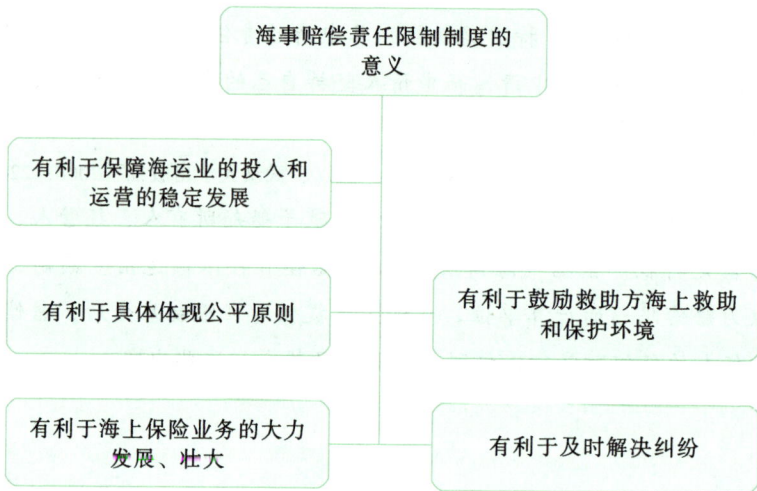

图8-1　海事赔偿责任限制制度的意义

8.1.3 海事赔偿责任限制的主要方法

海事赔偿责任限制制度实施的主要方法包括金额制、船价制、委付制、执行制等，金额制是当今最为普遍适用的方法（见表8-1）。

表8-1　　　　　　　　　　海事赔偿责任限制的主要方法

名称	内容	采用国家
委付制（法国制度）	委付制是指船舶所有人的责任限制，以委付的本航次船舶及运费的价值来免负其责，不委付就负无限责任。委付制以航次为基础，不论事故的次数多少，均以航次结束时的船舶及运费加以委付。委付制不是将船舶所有权转移给受害人，受害人只是取得变卖的优先受偿权。当变卖价款高于赔偿额时，超过部分仍应返还给船舶所有人	罗马尼亚、墨西哥、阿根廷、秘鲁、巴西等

名称	内容	采用国家
执行制（德国制度）	执行制是指船舶所有人的责任限制以可执行的海上财产为限。不足清偿的部分，船舶所有人不再负责	斯堪的纳维亚国家等
船价制（美国制度）	船价制指船舶所有人赔偿责任限制于船舶发生海损事故的航次终了时肇事船舶及运费的价值。船价制以航次为标准，不论航次发生几次责任事故，均以船舶的价值及运费为限	美国1870年确定该制度，1935年在此基础上又附加了金额制
金额制（英国制度）	金额制指按照发生事故的船舶登记的净吨数乘以每一吨的限制赔偿额来限定责任主体承担赔偿责任的最高赔偿额。金额制以事故次数为计算标准，如果同一航次发生数次事故，需按事故的次数承担责任，故又称"事故制"	英国1894年商船法的规定等
并用制	并用制即船价制与金额制并用，指船舶所有人所负的责任以船价为限，以规定的每吨限额乘以船舶吨位的金额来承担赔偿责任，以较低者为实际采用的标准。如果发生船舶全损的事故，船舶所有人不负赔偿责任	韩国等
选择制	选择制指船舶所有人可以在不同的制度中选择一种进行适用	比利时1908年船舶所有人责任限制法的规定等

8.2　海事赔偿责任限制的主要内容

8.2.1　适用的船舶和责任主体

1）适用的船舶

《海商法》第十一章规定，海事赔偿责任限制制度适用于海船和其他海上移动式装置中300总吨以上的船舶。对于300总吨以下的船舶、从事沿海运输和沿海作业的船舶以及从事中国港口间旅客运输的船舶的责任限制，《海商法》授权国务院交通主管部门另行规定。

党的"二十大"报告明确要求"加快建设法治社会，法治社会是构筑法治国家的基础"；要"深入开展法治宣传教育，增强全民法治观念。推进多层次多领域依法治理，提升社会治理法治化水平"。海事赔偿责任限制是海商法中的独特内容，因此，要充分认识该制度在"加快建设法治社会"中的重要作用，深入开展关于该项法律制度的宣传教育，增强全民法治观念。

2）责任主体

适用责任限制的主体指根据海事赔偿责任限制的法律，限制自己赔偿责任的人。

《海商法》第二百零四条、二百零五条、二百零六条规定的责任主体有船舶所有人、承租人、经营人、救助人和上述主体对其行为、过失负有责任的人以及责任保险人。

8.2.2　适用的债权

我国海事赔偿责任限制适用的债权是限制性债权。限制性债权是指责任主体根据海事赔偿责任限制的法律规定可以进行限制的债权，一般包括船舶在营运中因海损事故所造成的人身伤亡及财产损害的赔偿请求权。《海商法》第二百零七条规定的限制性债权包括四类：

（1）在船上发生的或者与船舶营运、救助作业直接相关的人身伤亡或者财产的灭失、损坏，包括对港口工程、港池、航道和助航设施造成的损坏，以及由此引起的相应损失的赔偿请求。

（2）海上货物运输因迟延交付或者旅客及其行李运输因迟延到达造成损失的赔偿请求。

（3）与船舶营运或者救助作业直接相关的，侵犯非合同权利的行为造成其他损失的赔偿请求。

（4）责任人以外的其他人，为避免或者减少责任人依本章规定可以限制赔偿责任的损失而采取措施的赔偿请求，以及因此项措施造成进一步损失的赔偿请求。

《海商法》第二百零七条第二款又规定："无论提出的方式有何不同，均可以限制赔偿责任。"

8.2.3　不适用的债权

不适用的债权即非限制性债权，是指责任主体根据海事赔偿责任限制的法律规定不能进行限制的债权。

根据《海商法》第二百零八条的规定，非限制性债权包括：

（1）救助款项或共同海损分摊请求。

（2）中国参加的《国际油污损害民事责任公约》规定的油污损害的赔偿请求。

（3）中国参加的《国际核能损害责任限制公约》规定的核能损害的赔偿请求。

（4）核动力船舶造成的核能损害的赔偿请求。

（5）船舶所有人或者救助人的受雇人提出的赔偿请求，根据调整劳务合同的法律，船舶所有人或者救助人对该类赔偿请求无权限制赔偿责任，或者该项法律做了高于本章《海商法》第十一章规定的赔偿限额的规定。

8.2.4　适用的责任限额

责任限额是指责任主体依法对限制性债权的最高赔偿额。[1]

《海商法》对海事赔偿责任限额采用的是金额制，即一次事故，一个限额。在计算责任限额时，分以下几种情况来对待：

1）总吨位300吨以上的船舶海事赔偿责任限额的规定

对于总吨位300吨以上的船舶，适用《海商法》第二百一十条、二百一十一条、二百一十二条规定的责任限额。对于单纯的人身伤亡的赔偿请求，300～500吨的船舶，赔偿限额为333 000SDR；单纯的非人身伤亡的赔偿请求，300～500吨的船舶，赔偿限额为167 000SDR；500吨以上的船舶，其500吨以下部分适用上述规定，而500吨以上部分则分级增加数额：

①单纯人身伤亡的赔偿限额，501～3 000吨部分，每吨增加500SDR；3 001～30 000吨部分，每吨增加333SDR；30 001～70 000吨部分，每吨增加250SDR；70 000吨以上部分，每吨增加167SDR。

②单纯非人身伤亡的赔偿限额，501～30 000吨部分，每吨增加167SDR；30 001～70 000吨部分，每吨增加125SDR；70 000吨以上部分，每吨增加83SDR（见表8-2）。

表8-2　　　　　　　　　　　　300吨以上的船舶海事赔偿责任限额

船舶总吨位（吨）	人身伤亡的赔偿限额（SDR）	非人身伤亡的赔偿限额（SDR）	限额类别
300～500	333 000	167 000	基本限额
501～3 000	500	167	每吨增加限额
3 001～30 000	333	167	每吨增加限额
30 001～70 000	250	125	每吨增加限额
70 000以上	167	83	每吨增加限额

值得注意的是，在同一事故中产生的人身伤亡和非人身伤亡赔偿请求，如果依人身伤亡的赔偿限额不足以支付全部人身伤亡请求的，差额应当与非人身伤亡的赔偿请求并列，从非人身伤亡的赔偿数额中按比例受偿。在不影响人身伤亡赔偿请求的情况下，就港口、港池、航道和助航设施损害提出的赔偿请求，应当优先于其他赔偿请求受偿。

2）总吨位不满300吨的船舶及沿海作业、沿海运输海事赔偿责任限额的规定

总吨位不满300吨的船舶及从事沿海作业、沿海运输的，依1994年交通部《关

---

① 司玉琢.海商法［M］.北京：法律出版社，2003.

于不满 300 总吨船舶及沿海运输、沿海作业船舶海事赔偿限额的规定》计算赔偿限额。该规定仅适用于超过 20 总吨、不满 300 总吨的船舶和 300 总吨以上的从事我国港口间运输和沿海作业的船舶。

超过 20 总吨不满 21 总吨的船舶，人身伤亡的赔偿限额为 54 000SDR，财产损害的赔偿限额为 27 500SDR；超过 21 总吨的，超过部分的人身伤亡赔偿限额每吨增加 1 000SDR，财产损害的赔偿限额每吨增加 500SDR。

从事我国港口之间货物运输或沿海作业的船舶，不满 300 总吨的，其赔偿限额依照上述规定的赔偿限额的 50% 计算；300 总吨以上的船舶，赔偿限额依照《海商法》第二百一十条规定的赔偿限额的 50% 计算。

3）海上旅客运输人身伤亡赔偿责任限额的规定

《海商法》第二百一十一条规定了海上旅客运输的赔偿限额问题。海上旅客运输的人身伤亡赔偿责任限额，按照 46 666SDR 乘以船舶证书规定的载客定额计算赔偿限额，但最高不超过 25 000 000SDR。

4）我国港口之间海上旅客运输赔偿责任限额的规定

我国港口之间海上旅客运输赔偿责任限额，按照《港口间海上旅客运输赔偿责任限额规定》的规定执行。该规定的主要内容为：①旅客人身伤亡的，每名旅客不超过 4 万元人民币，按照 4 万元人民币乘以船舶证书规定的载客定额计算赔偿限额，但最高不超过 2 100 万元人民币；②旅客自带行李灭失或损坏的，每名旅客不超过 800 元人民币；③旅客车辆，包括该车辆所载行李灭失或损坏的，每一车辆不超过 3 200 元人民币；④旅客其他行李灭失或损坏的，每千克不超过 20 元人民币；⑤如果承运人和旅客以书面约定高于上述赔偿责任限额的，该约定有效，当事人可不受上述规定的约束。

5）救助人的赔偿限额规定

《海商法》第二百一十条规定对于不以船舶进行救助作业或者在被救助船舶上进行救助作业的救助人，其责任限额按照总吨位为 1 500 吨的船舶来计算。

8.2.5　海事赔偿责任限制的权利丧失

《海商法》第二百零九条规定：经证明，引起赔偿请求的损失是由于责任人故意或者明知可能造成损失而轻率作为或者不作为造成的，责任人无权依照本章规定限制赔偿责任。

8.2.6　责任限制基金的设立与分配

责任限制基金（the fund for limitation of liability），指责任主体向法院提出责任

限制申请并经同意后，向法院提供的与责任限额等值，用于支付各项限制性债权的款项。设立责任限制基金的目的在于保证受害人得到及时赔偿，从而快速解决索赔问题。

《海商法》第二百一十三条规定："责任人要求依照本法规定限制赔偿责任的，可以在有管辖权的法院设立责任限制基金。基金数额分别为本法第二百一十条、第二百一十一条规定的限额，加上自责任产生之日起至基金设立之日止的利息。"第二百一十四条规定："责任人设立责任限制基金后，向责任人提出请求的任何人，不得对责任人的任何财产行使任何权利；已设立责任限制基金的责任人的船舶或者其他财产已经被扣押，或者基金设立人已经提交抵押物的，法院应当及时下令释放或者责令退还。"

关于基金的分配问题，一般是按人身伤亡基金和财产损害基金来分配的，分别用于人身伤亡索赔和财产损害索赔。当人身伤亡基金不足以清偿时，不足部分可与财产损害索赔一起从财产损害基金中按比例分配。因码头、港口工程设施受损而索赔的，应当较其他财产索赔优先受偿（如图8-2所示）。

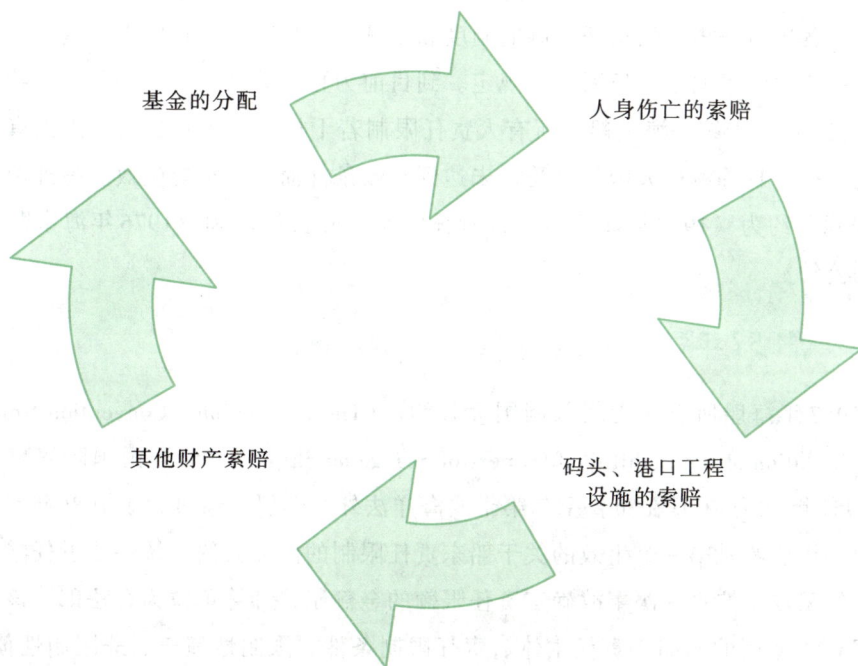

图 8-2　基金的分配顺序

8.2.7　海事赔偿责任限制的程序

海事赔偿责任限制的程序一般包括：申请、审查申请和受理、设立责任限制基金、法院公告及裁定、登记限制性债权、法院审理和裁判等。

《中华人民共和国海事诉讼特别程序法》（以下简称《海事诉讼特别程序法》）第九章和第十章中都有关于设立海事赔偿责任限制基金的程序的规定，但没有海事赔偿责任限制程序的完整规定。《海商法》第二百一十三条规定责任人"可以在有管辖权的法院设立责任限制基金"，并没有说设立责任限制基金是必需的，所以设立责任限制基金并不是责任人获得责任限制权利的前提。[①]

小资料8-1 关于海事赔偿责任限制程序的不同做法

《海商法》第十一章对海事赔偿责任限制制度做出了规定，《海事诉讼特别程序法》第九章和第十章中对设立海事赔偿责任限制基金做出了规定。英美法系国家将当事人申请责任限制作为单独的诉，申请人提起诉或反诉，法院适用特别程序；大陆法系国家将当事人申请责任限制不作为单独的诉。

8.3 国际公约的规定

由于各国对海事赔偿责任限制的制度和限额各不相同，一直以来，国际上都在尽力统一有关海事赔偿责任限制的规定。到目前为止，共制定了三个国际公约。其中，《1924年关于统一海上船舶所有人责任限制若干规定的国际公约》因没有获得英、美、德、日等海运大国的接受，未达到生效条件而一直没能生效。另外两部重要的国际公约为《1957年海船所有人责任限制国际公约》和《1976年海事赔偿责任限制公约》。

8.3.1 《1957年海船所有人责任限制国际公约》

《1957年海船所有人责任限制国际公约》（The International Convention Relating to the Limitation of the Liability of Owners of Sea-going Ships，1957）由国际海事委员会于1957年10月10日在布鲁塞尔第十届海洋法外交会议上通过，于1986年5月30日生效。该公约是第一个生效的关于船东责任限制的国际公约，统一了责任限制制度。公约采取了按每一次事故确定责任限额的金额制，计算单位为金法郎。该公约明确规定了适用的船舶、责任主体、责任限制条件、限制性债权、非限制性债权、责任限额及基金分配等（见表8-3）。

---

① 柳经纬.海商法［M］.厦门：厦门大学出版社，2004.

表 8-3 　　　　　　　　　　　《1957 年海船所有人责任限制国际公约》

适用的船舶	海船
责任主体	1.船舶所有人、承租人、管理人、经营人 2.船长、船员及其他雇员 3.船舶
责任限制条件	对不同主体规定了不同条件：船舶所有人、承租人、管理人、经营人实际过失或者参与所引起的事故，不能限制责任；其他人实际过失或者参与所引起的事故，可以限制责任
限制性债权	船载人员的人身伤亡及财产的灭失损坏等
非限制性债权	因救助报酬及共同海损分摊提出的债权等
责任限额及 基金分配	1.单纯人身伤亡按每吨 3 100 金法郎设立 2.单纯财产损害按每吨 1 000 金法郎设立 3.混合情况（人身伤亡和财产损害混合）按每吨 2 100 金法郎设立
设置地点	在发生损害索赔事故的港口等
准据法	程序问题适用设置地法

《1957 年海船所有人责任限制国际公约》目前有 50 多个参加国，我国没有参加该公约。

《1957 年海船所有人责任限制国际公约》生效以后，国际海事委员会还于 1979 年 12 月 21 日通过了 1957 年公约的议定书，提高了责任限额，并将计算单位改为特别提款权，但是该议定书还未生效。

8.3.2 　《1976 年海事赔偿责任限制公约》

为修订完善《1957 年海船所有人责任限制国际公约》，联合国海事组织于 1976 年 11 月在伦敦召开的外交会议上通过了《1976 年海事赔偿责任限制公约》，自 1986 年 12 月 1 日起生效。1976 年公约在 1957 年公约的基础上做了很多修改，如提高了责任限额，将计算单位改为特别提款权，将一般的过失责任限制条件升格为重大过失等。

关于《1976 年海事赔偿责任限制公约》，我国未加入该公约。但是，《海商法》关于海事赔偿责任限制的规定基本上是参照该公约制定的。

《1976 年海事赔偿责任限制公约》生效以后，根据经济的发展，为提高责任限额，1996 年 4 月，联合国海事组织又通过了《〈1976 年海事赔偿责任限制公约〉1996 年议定书》，对《1976 年海事赔偿责任限制公约》的内容进行了变更

（见表8-4）。

表8-4 于2004年5月生效的1996年议定书变更的内容

船舶总吨位（吨）	人身伤亡的赔偿请求（SDR）	其他赔偿请求（SDR）
不超过2 000	2 000 000	1 000 000
2 001～3 000	2 000 000，每增加1吨增加800	1 000 000，每增加1吨增加400
3 001～70 000	2 000 000，每增加1吨增加600	1 000 000，每增加1吨增加300
70 000以上	2 000 000，每增加1吨增加400	1 000 000，每增加1吨增加200

本章小结

海事赔偿责任限制是海商法赋予船舶所有人、经营人、承租人等的一种法定特权。依据我国《海商法》，海事赔偿责任限额适用金额制，并以特别提款权为赔偿限额的计算单位。

海事赔偿责任限制的主要方法包括金额制、船价制、委付制、执行制等，金额制是当今最为普遍适用的方法。

国际公约和各国的国内法都规定，救助报酬、船员工资和共同海损分摊都属于非限制性债权。对油污及核能损害的债权，一般也不属于限制性债权。

基金一般是按人身伤亡基金和财产损害基金来分配的，分别专门用于人身伤亡的索赔和财产损害的索赔。当人身伤亡基金不足以清偿时，不足部分可以与财产损害索赔一起从财产损害基金中按索赔数额的比例分配。

国际上一直在尽力统一有关海事赔偿责任限制的规定，成果主要有《1957年海船所有人责任限制国际公约》和《1976年海事赔偿责任限制公约》。

主要概念

海事赔偿责任限制　船价制　金额制　限制性债权　责任限额　责任限制基金

基础训练

▲ 选择题

（1）我国港口之间海上旅客运输责任限额，旅客人身伤亡的，每名旅客不超过（　　）万元人民币。

A.4　　　　　　　　　B.5　　　　　　　　　C.10　　　　　　　　　D.20

（2）海事赔偿责任限制方法中金额制是最为普遍适用的方法，金额制指（　　）。

A.事故制　　　　　　B.船价制　　　　　　C.委付制　　　　　　D.执行制

（3）发生海难事故后，（　　）可以向有管辖权的法院提出责任限制的书面申请。

A.船舶所有人　　　　B.承运人　　　　C.船长　　　　D.轮机长

（4）《海商法》规定对于不以船舶进行救助作业或者在被救助船舶上进行救助作业的救助人，其责任限额按照总吨位为（　　）吨的船舶来计算。

A.1 000　　　　B.1 500　　　　C.1 700　　　　D.1 800

（5）《1957年海船所有人责任限制国际公约》于1957年在布鲁塞尔第（　　）届海洋法外交会议上通过。

A.九　　　　B.八　　　　C.七　　　　D.十

▲ 判断题

（1）海事赔偿责任限制既不同于民法上的赔偿责任原则，也不同于海上货物运输中的单位责任限制。　　　　　　　　　　　　　　　　　　　（　　）

（2）限制性债权是指责任主体根据海事赔偿责任限制的法律不能进行限制的债权。　　　　　　　　　　　　　　　　　　　　　　　　　　　（　　）

（3）责任限额是指责任主体依法对限制性债权的最低赔偿额。　　（　　）

（4）我国法律规定，即使引起赔偿请求的损失是由于责任人故意或者明知可能造成损失而轻率作为或者不作为造成的，责任人也可以依照本章规定限制赔偿责任。　　　　　　　　　　　　　　　　　　　　　　　　　　　　（　　）

（5）《海事诉讼特别程序法》中有关于设立海事赔偿责任限制基金的程序规定，但没有海事赔偿责任限制程序的完整规定。　　　　　　　　　　（　　）

▲ 简答题

（1）简述海事赔偿责任限制制度的意义。

（2）简述海事赔偿责任限制的主要方法。

（3）简述海事赔偿责任限制的条件。

案例分析

（1）厦门轮船总公司轮船甲（764吨）1996年3月22日在广东省表角附近水域与石狮公司的轮船乙发生碰撞，与此同时给第三人也造成重大财产损失，厦门轮船总公司轮船甲向法院提出海事赔偿责任限制申请，限制金额为1 268 459元。经查，厦门轮船总公司轮船甲属港澳航线运输船舶，石狮公司对甲向法院提出的海事赔偿责任限制申请提出了异议。

资料来源　金正佳.中国典型海事案例评析［M］.北京：法律出版社，1998：579-580.

（2）韩国SEKWANG船务公司申请设立海事赔偿责任限制基金案。2001年4月

17日，韩国SEKWANG公司所属"大勇"轮（DAE MYONG）在中国长江口附近海域发生碰撞导致重大海损。2002年5月17日，SEKWANG向上海海事法院申请设立数额为417 333计算单位的海事赔偿责任限制基金。法院受理并公告，期间，上海环保局、农业部东海区渔政渔港监管局、上海海事局向该海事法院提交书面异议称：碰撞事故引起船载苯乙烯泄露导致洋面受污和环境受损，该环境污染损害赔偿属非限制性债权，SEKWANG应承担行政责任；异议人采取强制应急措施，对污损进行检测和分析评估的费用不能作为责任限制项目；"大勇"轮船长未经英语培训，属船舶不适航。请求驳回SEKWANG设立海事赔偿责任限制基金的申请。一审后，异议人上诉，二审认为：根据《海事诉讼特别程序法》第一百零二条，SEKWANG公司可以向事故发生地的一审法院提出设立海事赔偿责任限制基金的请求。本案责任限制基金是否符合设立的法定条件，取决于申请主体是否符合法律规定、涉案海事事故产生的债权是否属于限制性债权、申请设立的基金数额是否符合法律规定。根据《海商法》第二百零七条至二百一十条的规定，《海事诉讼特别程序法》第一百零一条、第一百零八条的规定判定：责任人具备申请责任限制的主体资格；该船碰撞后的有毒化工品污染损害产生的民事赔偿请求符合限制性债权，符合限制基金成立的条件；基金数额符合法律规定。

本案中，SEKWANG公司是否具备申请设立海事赔偿责任限制基金的主体资格是争论的焦点，可结合《海商法》的有关规定进行分析。

资料来源　屈广清. 海商法学［M］. 北京：中国民主法制出版社，2005.

问题：（1）案例（1）中，石狮公司的异议是否成立？

（2）案例（2）中，韩国SEKWANG船务公司是否可以申请设立海事赔偿责任限制基金？

实践训练

实训项目：计算海事赔偿责任限制基金数额的训练项目。

具体组织与要求：根据下面的情况计算海事赔偿责任限制基金的具体分配：

甲船舶为10 000吨，事故造成财产损失和人身伤亡，实际发生的人身伤亡索赔总额为3 100万金法郎，实际发生的财产损失索赔总额为3 000万金法郎，在限制责任的情况下，如何分配限制基金？请按照《1957年海船所有人责任限制国际公约》进行计算。

考核标准：人身伤亡为2 100万金法郎（10 000×2 100），财产损失为1 000万金法郎（10 000×1 000）。此时，人身伤亡索赔总额为3 100万金法郎，不足部分为1 000万金法郎（3 100-2 100），不足部分可与实际发生的财产损失索赔总额 3 000 万金法郎按照比例分配，1 000 万金法郎的财产责任基金为 250 万金法郎（1 000×1 000÷（1 000+3 000）），实际发生的财产损失索赔总额为 750 万金法郎（1 000×3 000÷（1 000+3 000）），从而新确定的人身伤亡责任基金为 2 350 万金法郎（2 100+250），新确定的财产责任基金为 750 万金法郎。[①]

　　由于人身伤亡责任基金分属若干人，还要再进行分配，可以参考该公约的规定。

---

① 司玉琢. 海商法 [M]. 北京：法律出版社，2003.

第9章

海上保险合同

学习目标

知识目标：了解海上保险合同的概念与类型；理解法律对海上保险合同的特别规定。

技能目标：能够根据相关法律的要求，掌握海上保险的索赔和理赔程序及技巧。

能力目标：能够灵活运用法律规定，掌握确定海上保险合同效力及处理海上保险合同纠纷的能力。

素养目标：能够全面理解与掌握海商法理论、制度及规则的价值和意义，坚持中国海商法律文化与法律制度的充分自信，自觉维护社会主义法治原则，以实际行动弘扬社会主义核心价值观。

引例　　　　上海天原国际货运有限公司保险索赔案

该案的原告为上海天原国际货运有限公司（以下简称天原货运），被告为皇家太阳联合保险公司上海分公司（以下简称皇家保险）。2000年12月12日，天原货运填写了皇家保险提供的综合运输责任保险投保书，选择投保附加险中的（C）受托人责任保险和（G）第三者责任保险。在投保书所列的基本险（A）提单责任保险的"损失记录：请注明在过去5年中发生的所有提单项下的索赔/损失"一栏中，天原货运填写了"无"。2001年2月13日，天原货运以传真方式通知皇家保险决定投保该投保书中列明的险种：（A）提单责任保险和（B）财物损失保险，接受免费赠送的（D）包装责任保险，并要求将AIR SEA TRANSPORT INC.，SHANGHAI AIR SEA TRANSPORT INC.（天原货运）等9家公司一并列入保险单。在上述被保险人中，只有AIR SEA TRANSPORT INC.，

BONDEX CHINA CO., LTD.和 CHINA LOGISTICS CO., LTD.有自己的提单。天原货运和 AIR SEA TRANSPORT INC.曾经作为共同被告，发生提单责任项下的索赔和涉讼，但天原货运未将上述事实告知皇家保险。2001 年 2 月 15 日，皇家保险签发了保险单，天原货运与其他 8 家公司为被保险人，险种为公众责任险下的提单责任保险、财物损失（错误和遗漏）保险以及包装责任保险，保险费为 47 630 美元。保险单规定的责任范围为：在保险期间，被保险人因经营业务发生意外事故造成第三者人身伤亡和财产损失的，依法应由被保险人承担的经济赔偿责任由保险人承担；被保险人因上述原因而支付的诉讼费用以及事先经保险人书面同意而支付的其他费用，保险人亦负责赔偿。2001 年 6 月，AIR SEA TRANSPORT INC.为提单承运人、福建源光亚明电器有限公司为托运人的无单放货纠纷由厦门海事法院受理。厦门海事法院以天原货运并非提单承运人，也无证据证明天原货运是无单放货的责任人为由驳回了托运人的起诉。天原货运为应诉发生律师费共计人民币 33 480 元。后皇家保险通知天原货运：由于天原货运在投保时有故意隐瞒重要事实的行为，保险单从签订之日起就属于无效保险单，皇家保险不承担该保险单项下的保险责任。由于皇家保险拒绝保险理赔，天原货运起诉请求确认涉案保险合同有效，由皇家保险赔付天原货运因涉讼产生的案件处理费用。一审法院认为：天原货运与皇家保险之间订立的是海上保险合同，天原货运与其他 8 家公司均是被保险人。天原货运在投保书中做出的近 5 年内未发生索赔或损失的回答属实，其作为承运人的代理人，对提单项下发生的索赔纠纷不必承担责任，不具有可保利益，以该险种为内容的保险合同应为无效。天原货运投保时，未将其他 8 家公司的涉讼情况如实告知皇家保险，皇家保险依法有权解除合同，并拒绝退还保险费。天原货运在厦门海事法院的涉讼案件已经裁决，天原货运不负有赔偿责任，由此产生的律师费，皇家保险也不负赔偿责任。一审法院遂判决：（1）对天原货运要求确认涉案保险合同有效的诉讼请求不予支持；（2）对天原货运要求皇家保险支付因涉讼产生的案件处理费用的诉讼请求不予支持。

天原货运上诉认为：（1）天原货运和皇家保险系通过传真和电话往来就保险合同的主要条款达成一致，原先填写的投保书从未提交给皇家保险，不能作为认定天原货运"故意不履行如实告知义务"的证据；投保书中要求投保人填写的"过去 5 年中发生的所有提单项下的索赔/损失"一节，与皇家保险确定保险费率或者确定是否同意承保并无必然联系。（2）皇家保险以低廉的保险费引诱投保，却以种种理由拒不承担保险责任，违反诚实信用原则。（3）天原货运作为代理人签发提单，可能遭到索赔，有必要与持有提单的无船承运人一同参加这种保险，成为共同被保险人。并且只要因保险事故而发生了诉讼，被保险人因积极抗辩而产生的诉讼费用（当然包括律师费）以及其他难以在保险单中列举而实际又可能需要支付的费用，保险人应负责赔偿。（4）本案不属于海上保险合同纠纷，原判适用《海商法》错误。

皇家保险答辩认为：（1）天原货运以传真方式确认保险合同的主要内容，该传真与投保书共同构成了一个新的投保要约；天原货运的填写清晰明了，客观地证实其未履行如实告知义务。（2）天原货运未履行法定告知义务的行为，直接导致了皇家保险宣布解除保险合同的结果。（3）天原货运诉请的案件处理费用不属于保险单的责任范围，不应由皇家保险承担赔偿责任。（4）保险合同的保险标的是天原货运及其他8家公司对第三方承担货物运输和照管方面的责任，上述责任与海上事故有着密切联系，因此，涉案保险合同应当适用《海商法》的规定，原判适用法律并无不当。

资料来源　吴玲玲. 上海天原国际货运有限公司诉皇家太阳联合保险公司上海分公司［EB/OL］.［2015-08-21］. http：//www.qzr.cn/bbs/dispbbs.asp?boardid=7&id=6539.

问题：二审法院该如何认定？

分析：上述案例是一起新型的保险赔偿纠纷，国内的保险公司尚未开展公众责任险业务，目前国内的公众责任险业务主要由外资保险公司（如该案被告）和国外的无船承运人互保协会（如TT CLUB）等经营。随着形势的发展，这种在国外已经很成熟的险种必将在国内广泛推广，诸如本案的提单责任险等纠纷也必将趋多。而且，责任险纠纷案件在我国海事审判领域尚不多见，我国加入WTO后，国际社会的司法实践对今后审理类似性质的案件将具有一定的指导意义。本案主要涉及以下几个问题：（1）提单责任险纠纷案件的法律适用问题；（2）保险合同的要约和承诺问题；（3）承运人的签单代理人作为提单责任险的被保险人时保险合同的效力问题；（4）提单责任险的保险告知义务问题；（5）因其他海运合同纠纷产生的律师费用是否属于提单责任险的保险责任范围等。

《海商法》将海上保险合同作为其调整对象之一，涉及的条款从第二百一十六条到第二百五十六条共41条之多，对海上保险合同做出了明确的规定。

9.1　海上保险合同的定义和特点

9.1.1　海上保险合同的定义

关于海上保险合同的定义，《海商法》第二百一十六条规定："海上保险合同，是指保险人按照约定，对被保险人遭受保险事故造成保险标的的损失和产生的责任负责赔偿，而由被保险人支付保险费的合同。"

9.1.2　海上保险合同的特点

与其他保险合同相比，海上保险合同具有以下特点：

（1）海上保险合同的当事人是海上保险人和海上被保险人。

（2）海上保险标的的损失分为全部损失和部分损失。

全部损失包括实际全损和推定全损。实际全损是指保险标的发生保险事故后灭失、受到严重损坏完全失去原有形体或效用、不能再归被保险人所拥有等情况。推定全损是指保险标的在保险事故发生后，实际全损已经不可避免、如为避免发生实际全损所需支付的费用会超过保险价值、保险标的受损程度虽未达到完全损毁但已无法补救等，故按全部损失处理的情况。

部分损失包括共同海损和单独海损。共同海损方面，保险人承担被保险人对共同海损分摊的责任；单独海损方面，责任方或受损方自己承担损失。

（3）海上保险合同承保的风险范围通常是与海上航行有关的事故。保险合同可以约定，这种事故包括与航行有关的陆上或内河部分的风险。

（4）海上保险合同是最大诚信合同。最大诚信要求保险合同双方必须以最大诚意和信用来订立合同，被保险人承担无限告知的义务，若违反该义务，保险人可以解除保险合同。

（5）海上保险合同同时具备了双务、有偿、诺成、格式的特点。合同双方当事人互有履行合同的义务（双务）。在发生保险事故后保险人承担保险赔偿责任；被保险人支付保险费（有偿）。保险人与被保险人就保险事宜达成协议，合同即告成立，不以签发保单或缴付保费为条件（诺成）。海上保险合同由保险人事先拟订，是格式合同（格式）；如果有特殊要求，可以补充特别条款。

（6）海上保险合同的保险标的是暴露于海上风险中的船舶、货物等财产及利益和责任，如因为船舶碰撞或漏油污染引起的赔偿责任等。

（7）海上保险合同采用近因原则。对承保范围以外原因造成的损失，保险人不承担保险责任。

（8）海上保险合同遵循保险利益原则。

9.2　海上保险合同的类型

根据承保标的不同，海上保险合同可分为船舶保险合同，海上货物运输保险合同，运费保险合同，集装箱保险合同，海上油气开发、开采保险合同，租金保险合同和海上责任保险合同等。

1）船舶保险合同

船舶保险合同是保险人与被保险人就船舶在发生保险事故后造成的损失或产生的责任由保险人赔偿的约定，包括营运船舶、建造船舶、修理船舶、停航船舶等保险合同。根据承保期间的不同，船舶保险合同可分为定期船舶保险合同、航次船舶保险合同和混合船舶保险合同。

2）海上货物运输保险合同

海上货物运输保险合同是以货物为保险标的的海上保险合同。

3）运费保险合同

运费保险合同是以可能获得的运费和其他期得利益为保险标的的海上保险合同。

4）集装箱保险合同

集装箱保险合同是以集装箱为保险标的的一种海上保险合同，一般由集装箱所有人投保。

5）海上油气开发、开采保险合同

海上油气开发、开采保险合同指为海上油气开发、开采的全过程进行承保的保险合同，一般由勘探、开发者投保。

6）租金保险合同

租金保险合同是以租金为保险标的的一种海上保险合同。

7）海上责任保险合同

海上责任保险合同是因发生海上事故应将对第三人承担的赔偿责任作为保险标的的海上保险合同。

2013年8月31日交通运输部公布了修订后的《中华人民共和国船舶油污损害民事责任保险实施办法》，规定在中华人民共和国管辖海域内航行的载运油类物质的船舶和1 000总吨以上载运非油类物质的船舶，其所有人应当按照本办法的规定投保船舶油污损害民事责任保险或者取得相应的财务担保。

由于海上保险发展迅速，在实践中，海上保险的类型也比较多，如图 9-1 所示。

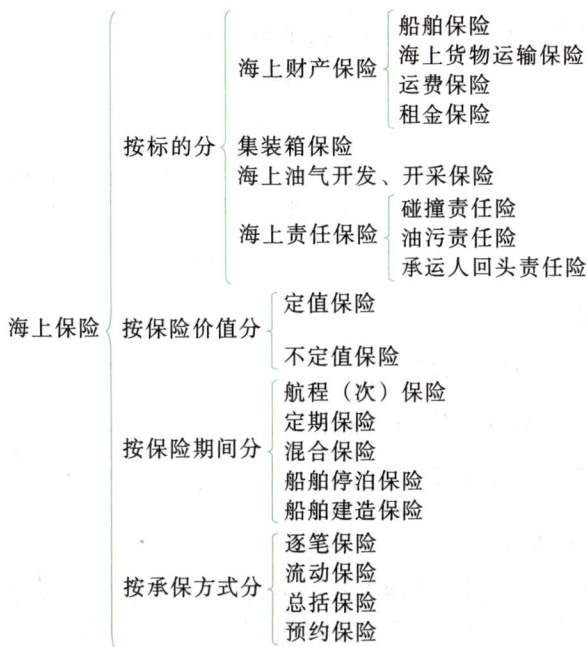

图 9-1　海上保险的分类

9.3　海上保险合同的主要内容

根据《海商法》第二百一十七条的规定，海上保险合同的内容主要包括下列各项条款：

1）保险人与被保险人基本情况条款

根据《中华人民共和国保险法》（以下简称《保险法》）第十条第三款的规定，保险人是指与投保人订立保险合同，并按照合同约定承担赔偿或者给付保险金责任的保险公司，是保险合同的一方当事人。在我国，保险人均为保险公司，其他任何单位和个人不得从事保险业务。

根据《保险法》第十二条第五款的规定，被保险人是指其财产或者人身受保险合同保障，享有保险金请求权的人，投保人可以为被保险人。海上保险合同的被保险人主要有：托运人、收货人、船舶所有人、光船承租人、运费或租金的收取人、船舶抵押中的抵押人和抵押权人以及对保险标的有保险利益的其他人。

在海上保险合同中，保险人与被保险人都必须履行法律规定的保险义务（见表 9-1）。

表9-1 我国法律规定的保险义务

	保险人		被保险人
赔付责任	不足额保险，发生全损，赔付全部保险金额；发生部分损失的，按照保险金额与保险价值的比例赔偿		及时支付保险费
	重复保险，被保险人获得的赔偿不得超过标的的受损价值，各保险人按比例承担赔偿责任		
	连续事故导致的损失		
	施救费用		
保险人的除外责任	被保险人故意造成的损失		遵守保证的义务
	海上货物运输保险人的除外责任		出险后的通知与施救义务
	船舶保险人的除外责任		

2）保险标的条款

保险标的是指保险人与被保险人在海上保险合同中约定承保的财产、责任或利益。海上保险标的的范围很广，可以是有形的也可以是无形的。《海商法》第二百一十八条第一款限定了海上保险合同的保险标的范围，包括：船舶、货物、船舶营运收入等。《海商法》第二百一十八条第二款规定，保险人可以将对上述保险标的的保险进行再保险。除合同另有约定外，原被保险人不得享有再保险的利益。

2013年通过的《最高人民法院关于适用〈中华人民共和国保险法〉若干问题的解释（二）》对不同投保人就同一保险标的的分别投保问题做出了规定。该解释第一条规定："在财产保险中，不同投保人就同一保险标的的分别投保，保险事故发生后，被保险人在其保险利益范围内依据保险合同主张保险赔偿的，人民法院应予支持。"

在海上保险实践中，各国一些保险协会做出的有关保险标的的条款方面的专门规定比较明确具体。例如，中国船东协会2002年在修订的保险条款中，对承保风险与除外风险就做出了明确的规定。

2010年5月12日通过的《中国船东互保协会保险条款》规定：本保险条款受本协会章程的制约。因此适用该保险条款时，不能忽视协会的章程。

3）保险价值条款

保险价值指被保险人投保标的的实际价值。实践中，当事人可以约定保险价值（定值保险）；未约定保险价值的，根据保险责任开始时保险标的的实际价值和保险费的总和计算（不定值保险）。关于定值保险，约定价值与保险标的实际价值不符的，不影响保险价值的法律效力。保险人的赔偿金额是保险双方商定的价值，不是保险事故发生所导致损失后的价值。关于不定值保险，依《海商法》第二百一十九条的规定，保险价值按照以下规定计算：

（1）船舶的保险价值，是保险责任开始时船舶的价值，即船壳、机器、设备的价值，以及船上燃料、物料、索具、给养、淡水的价值和保险费的总和。

（2）货物的保险价值，是保险责任开始时货物在起运地的发票价格或者非贸易商品在起运地的实际价值以及运费和保险费的总和。

（3）运费的保险价值，是保险责任开始时承运人应收运费的总和与保险费的总和。

（4）其他保险标的的保险价值，是保险责任开始时保险标的的实际价值和保险费的总和。

4）保险金额条款

保险金额指保险合同约定的最高赔偿数额。《海商法》第二百二十条规定，保险金额由保险人与被保险人约定。保险金额不得超过保险价值；超过保险价值的，超过部分无效。

值得注意的是，一次保险事故的赔偿仅限于保险单中约定的保险金额，如果是发生几次保险事故所造成的损失，损失总和超过保险金额的，保险人也应当赔偿。

5）保险责任和除外责任条款

保险责任指保险人承担的赔偿义务。除外责任指保险人不承保的责任、不承担的赔偿。

除另有约定外，保险人对除外责任中的风险造成的损失不负赔偿责任。《海商法》第二百四十二条至二百四十四条规定了保险人在货物、船舶保险责任中的除外责任。保险人不负赔偿责任的情况有：被保险人故意造成的损失；航行迟延、交货迟延或者行市变化、货物的自然损耗、本身的缺陷和自然特性、包装不当等造成的货物损失；船舶开航时不适航，但在船舶定期保险中被保险人不知道的除外，船舶自然磨损或者锈蚀而造成保险船舶损失的，保险人不负赔偿责任。2013年通过的《最高人民法院关于适用〈中华人民共和国保险法〉若干问题的解释（二）》第十二条规定："通过网络、电话等方式订立的保险合同，保险人以网页、音频、视频等形式对免除保险责任条款予以提示和明确说明的，人民法院可以认定其履行了提示和明确说明义务。"

6）保险期间条款

保险期间是保险合同效力发生与终止的时间规定。

7）保险费与保险费率条款

保险费，指投保人对保险人支付的投保费用。《海商法》第二百三十四条规定，除合同另有约定外，被保险人应在合同订立后立即支付保险费；被保险人支付保险费前，保险人可以拒绝签发保险单证。

保险费率指计算保险费的百分率。

以上条款是各种海上保险合同必须具有的内容。

9.4　海上保险的索赔和理赔

9.4.1　保险的索赔

保险的索赔是指被保险人在保险标的遭受损失后向保险人要求其赔偿的行为。

1）海上货物运输保险的索赔

索赔中，被保险人需提供：①保险单或保险凭证；②运输单证；③货损货差的证明；④发票、装箱单、磅码单；⑤向第三方提出索赔的文件（如果存在责任第三方）；⑥检验报告等。

2）船舶保险的索赔

当保险船舶发生保险责任范围内的事故时，被保险人应立即通知保险人，并采取一切措施以减少损失。需要进行修理的，应先征求保险人的同意。

3）船舶建造保险的索赔

被保险人在索赔时，应书面说明事故原因、经过，并提供损失清单、发票、检验报告等材料。涉及第三人的责任的，被保险人还应提供向其追偿的有关证明。

9.4.2　保险的理赔

保险的理赔指保险人处理保险索赔的具体过程。保险人收到被保险人的报损后，首先，应确定索赔的被保险人是否具有可保利益；其次，应确定是否属于保险人承保责任范围内的风险引起的直接损失；最后，只有承保风险引起的直接损失，保险人才予以赔偿。保险人确定应承担赔偿责任后，对赔偿金额进行计算。

在海上保险中，第三方的行为造成保险标的损害的，保险人根据保险合同对被保险人赔偿后，被保险人对第三方享有的赔偿请求权，即转移给保险人。保险人取得了代位行使被保险人对第三方的损害赔偿请求权（代位求偿权）。

《海商法》第二百五十三条规定，被保险人未经保险人同意放弃向第三人要求赔偿的权利，或者由于过失致使保险人不能行使追偿权的，保险人可以相应扣减保险赔偿。

在保险合同中，代位求偿权与委付有一定的相似之处，但两者的区别是很明显的（见表9-2）。

表9-2　　　　　　　　　　　　代位求偿权与委付的区别

代位求偿权	委付
保险人根据保险合同对被保险人的损失予以赔偿后，如果第三方根据合同或法律需对该损失承担损害赔偿责任，被保险人对第三方享有的请求权应转移给保险人，保险人即取得了代位行使被保险人对第三方请求损害赔偿的权利	当保险标的发生推定全损时，被保险人把保险标的的全部权利和义务转移给保险人，保险人向其支付全部保险金额
保险人只能获得相当于赔偿被保险人的赔偿金额的利益	保险人可以获得大于其赔偿金额的利益
代位求偿权是保险人的权利，无须承担其他义务	保险人接受委付时不仅取得对保险标的的所有权，而且承担因该标的而产生的其他义务

9.4.3　合理拒赔与免赔额

合理拒赔指保险人对保险标的的损失可以拒绝赔偿的情形。例如，《海商法》第二百三十六条规定了被保险人通知保险事故等义务，不履行义务造成损失扩大的，保险人可以拒绝赔偿。

免赔额，指保险人和被保险人约定的由被保险人自己承担的部分数额。免赔额一般分为绝对免赔额和相对免赔额。绝对免赔额指当实际损失超过约定的免赔额，保险人赔付时先将此免赔额扣除，只赔偿超过免赔额的部分。相对免赔额指当实际损失超过约定的免赔额时，保险人需要全额赔付，不扣除约定的免赔额。

我国关于船舶保险的规定采用的是绝对免赔额。如《船舶保险条款》第三条规定："承保风险所致的部分损失赔偿，每次事故要扣除保险单规定的免赔额。"

免赔额的意义在于其排除了小额索赔，简化了相关程序。值得注意的是，关于免赔额的约定，只适用于单独海损，不适用于共同海损、碰撞责任、救助或救助费用。

小资料9-1　　　　　　　　　　　　船东保赔协会的性质

船东保赔协会（P&I Club）是由船东自愿组织成立的一个互助的非营利性组织，目的是由船东会员共同承担会员需要承担的赔偿等相关责任。

本章小结

海上保险合同的双方当事人是保险人和被保险人。保险人是指依据保险合同收取保险费、在发生保险事故时赔偿被保险人损失的经营海上保险业务的组织或个人。

保险标的的损失分为全部损失和部分损失。全部损失包括实际全损和推定全损，部分损失包括共同海损和单独海损。

海上保险合同的保险标的是暴露于海上风险中的船舶、货物等财产及相关利益和责任，有形财产和无形财产并存。海上保险合同涉及的标的物具体包括船舶、货物、运费、法律责任（如因为船舶碰撞或漏油污染引起的赔偿责任）及有关的经济权益。

保险人根据保险合同对被保险人的损失予以赔偿后，如果第三方根据合同或法律规定需对该损失承担损害赔偿责任，被保险人对第三方享有的请求权应转移给保险人，保险人即取得了代位行使被保险人对第三方请求损害赔偿的权利。

被保险人未经保险人同意放弃向第三方要求赔偿的权利，或者由于过失致使保险人不能行使追偿权的，保险人可以相应扣减保险赔偿。

习近平总书记在党的"二十大"报告中指出："加快完善全国统一的社会保险公共服务平台。健全社保基金保值增值和安全监管体系。"海上保险相关部门也应根据党的"二十大"的重要指示，对海上保险的相关内容进行完善。

主要概念

海上保险合同　保险标的　保险价值　免赔额

基础训练

▲ 选择题

（1）海上保险合同承保的风险范围是与海上航行有关的事故。在（　　）的情况下，这种事故可以扩展到与航行有关的陆上或内河部分的风险。

A.法律规定　　　B.合同约定　　　C.国际条约规定　　D.通常

（2）在我国，保险人为（　　）。

A.保险公司　　　B.个体　　　　　C.银行　　　　　　D.外贸公司

（3）再保险合同的主体是（　　）。

A.货主　　　　　B.承运人　　　　C.被保险人　　　D.保险人

（4）当保险船舶发生保险责任范围内的事故，需要进行修理时，（　　）保险人的同意。

A.不需要　　　B.有时不需要　　C.应该事先征求　　D.应该事后征求

（5）我国法律规定，被保险人未经保险人同意放弃向第三人要求赔偿的权利，保险人可以（   ）。

    A.拒绝保险赔偿　　　　　　　　B.终止合同

    C.中止合同　　　　　　　　　　D.相应扣减保险赔偿

▲ 判断题

（1）海上保险合同同时具备了双务、有偿、诺成、格式（合同）的特点。

                                             （   ）

（2）海上保险合同的保险标的是暴露于海上风险中的船舶、货物等有形财产。

                                             （   ）

（3）约定保险价值的保险称为不定值保险，未约定价值的，根据保险责任开始时保险标的的实际价值和保险费的总和计算，称为定值保险。　　　　　　（   ）

（4）保险金额是指保险人与被保险人约定在保险单中载明的对保险标的的所受损失给予赔偿的最低数额。　　　　　　　　　　　　　　　　　　（   ）

（5）保险合同中关于免赔额的约定，既适用于单独海损，又适用于共同海损分摊、碰撞责任、救助或救助费用。　　　　　　　　　　　　　　　　（   ）

▲ 简答题

（1）简述海上保险合同的特征。

（2）简述海上保险合同的主要条款。

（3）简述被保险人的义务。

案例分析

2002年1月4日，被告中国人民保险公司上海市分公司（以下简称上海人保）就"仲宇"轮的保险向原告上海中福轮船公司（以下简称中福轮船）开具定期"沿海内河船舶保险单"，载明：被保险人为中福轮船，险别为一切险。保单"一切险"条款约定，保险人承保因碰撞、触碰等事故引起船舶倾覆、沉没，造成的船舶全损或部分损失；同时约定，对于船舶不适航（包括船舶技术状态、配员、装载等）造成的船舶的损失，保险人不负责赔偿。该条款又约定，被保险人应当按期做好船舶的管理、检验和修理工作，确保船舶的适航性，否则保险人有权终止合同或拒绝赔偿。"仲宇"轮的船舶所有人为上海钟裕实业有限公司，船舶经营人为中福轮船，载重量1 300吨，核定舱载量为前货舱655吨，后货舱645吨，核定船舶设计吃水为艏吃水2.973米，艉吃水3.505米，平均吃水3.24米。

2002年5月25日，"仲宇"轮装载1 260吨货物（前货舱约510吨，后货舱约750吨）从宁波北仑港出发驶往上海港，宁波海事局签发了出港签证。船舶艏吃水2.90米，艉吃水3.60米，平均吃水3.25米。次日，该轮行至乌龟岛附近水域时沉没。其时船舶国籍证书、船舶检验证书、船舶营运证书均在有效期内。吴淞海事处的"水上交通事故责任认定书"认定，"由于瞭望疏忽，对流压估计不足及操纵不当，船舶右舷中后部触碰水下障碍物，导致二舱破损进水，致使船舶沉没"。但上海人保认为，"仲宇"轮后货舱超载约105吨，不排除船体局部产生裂缝和屈曲进水，最终导致船舶沉没，事故系货物装载不符合规定、船舶不适航造成的，且中福轮船不是该轮所有人，无可保利益。中福轮船向上海人保索赔不成，因而成讼。

资料来源　荚振坤. 可保利益、适航性与船舶保险人的抗辩［EB/OL］.［2021-03-20］. https://www.shenlanbao.com/zhishi/10-83568.

问题：法院应该如何裁判？

实践训练

实训项目一： 海上保险索赔代理业务能力的训练。

具体组织与要求： 调查了解海上保险索赔代理业务的基本类型和海上保险索赔服务的范围，能够起草海上保险索赔咨询服务协议。

训练地点： 海事律师事务所、海事部门的法务处（室）等。

途径： 通过计算机模拟操作、现场咨询等方式完成。

实践训练报告： 包括实践训练时间、地点、人物、内容、具体要求、完成过程、实训结果、学生签名、实训部门人员签字、实训成绩等项目。

考核标准： 从两个方面考核：一是评价过程，程序是否按要求进行；二是评价索赔咨询服务协议的实体内容。

实训项目二： 海事知识产权领域职业能力实训拓展。

海事知识产权是一个较新的甚至是还待开拓的领域，特别是涉及知识产权保险实务问题，职业能力实训拓展主要针对的是处理特别事务的能力。

实践训练方法： 请结合下图分小组开展知识产权保险实务问题讨论与实务模拟，并尽量侧重航运、物流、海洋、海事数据等前沿或空白领域，以加深对本章所学内容的理解，增强实务能力。

考核标准： 根据学生的资料收集情况、发言情况、实务模拟效果情况等进行考核评价。

第10章

海事诉讼特别程序

学习目标

知识目标：了解海事诉讼的概念与特点；理解法律关于海事诉讼程序方面的特别规定。

技能目标：能够根据海事诉讼相关法律的要求，掌握处理海事纠纷所必须履行的程序或步骤，以及一些海事起诉、应诉的技巧。

能力目标：能够灵活运用各种不同海事诉讼制度，具有确定或处理海事诉讼程序中遇到的具体问题的能力。

素养目标：能够全面理解与掌握海商法理论、制度及规则的价值和意义，坚持中国海商法律文化与法律制度的充分自信，自觉维护社会主义法治原则，以实际行动弘扬社会主义核心价值观。

引例 海事强制令申请案

申请人　陈贻垛。

被申请人　中海集装箱运输有限公司。

被申请人　中海华北物流有限公司。

申请人陈贻垛于2002年8月20日向本院递交海事强制令申请，申请人称：2002年3月，申请人委托案外人饶春来代为办理38个集装箱货物由黄埔港至天津港的运输事宜，承运人为中海集装箱运输有限公司，托运人为李伟权，收货人为陈贻垛。2002年3月30日货物到达卸货港天津新港。申请人已向被申请人支付运费人民币7万元，但被申请人以李伟权欠款为由，在天津新港东方集装堆场扣押申请人的38个集装箱。经申请人交涉，被申请人放了16个集装箱，仍拒不交付运单编号为0687184、0702283、0702275、0702274、0702291、0702293、

0679539 的 22 个集装箱的货物。因此，申请人请求本院做出海事强制令，责令被申请人将箱号为 CCLU2408605、CCLU3236500、CCLU2098984、CCLU3057552、CCLU2362000、CCLU2411888、CCLU2149783、CCLU2247218、CCLU3168936、CCLU2454160、CCLU2454806、CCLU3191561、TGHU2263298、FSCU3438622、TTNU3319643、EASU9614087、GESU2210314、CCLU2418630、CCLU2102030、CCLU2359687、CCLU2127207、CCLU3229224 的 22 个集装箱货物立即交付申请人。

经审查，法院认为，申请人为使其合法权益免受侵害，提出责令被申请人向其交付货物的申请符合法律规定。依照《中华人民共和国海事诉讼特别程序法》（以下简称《海事诉讼特别程序法》）第五十二条、第五十五条、第五十六条、第五十七条的规定，裁定如下：

一、准许申请人要求被申请人交付货物的海事强制令申请。

二、责令被申请人将箱号为 CCLU2408605、CCLU3236500、CCLU2098984、CCLU3057552、CCLU2362000、CCLU2411888、CCLU2149783、CCLU2247218、CCLU3168936、CCLU2454160、CCLU2454806、CCLU3191561、TGHU2263298、FSCU3438622、TTNU3319643、EASU9614087、GESU2210314、CCLU2418630、CCLU2102030、CCLU2359687、CCLU2127207、CCLU3229224 的 22 个集装箱货物立即交付申请人。

本裁定送达后立即执行。中海集装箱运输有限公司不服民事裁定，于 2002 年 8 月 28 日向法院申请复议，申请撤销海事强制令。中海华北物流有限公司不服民事裁定，于 2002 年 8 月 27 日向法院申请复议，请求法院对民事裁定书进行复议，申请撤销海事强制令。

资料来源　刘恩媛. 陈贻垛申请海事强制令案［EB/OL］.［2015-08-21］. https://max.book118.com/html/2017/0727/124633551.shtm.

问题：法院应该如何处理？

分析：经审查，本院认为，首先，陈贻垛提供了对该批货物享有所有权的证据，也提供了中海集装箱运输有限公司签发的"水路集装箱货物运单"复印件，该运单载明了"托运人为李伟权，收货人为陈贻垛"。中海集装箱运输有限公司向本院提供的"货物托运委托书""水路集装箱货物运单"均记载收货人为陈贻垛，陈贻垛与申请复议人所提供的运单相一致。而且就该批货物的运输而言，运输已经完成，不存在托运人有其他交货指示的事实。

其次，中海集装箱运输有限公司也未提供证据证明已将正本运单交付给托运人，因此要求收货人凭正本运单提货是不合理的。而且该批货物共38个集装箱，陈贻垛已经提走的16个集装箱也是凭运单复印件及身份证复印件办理的，尽管中海集装箱运输有限公司强调因托运人交付了16个集装箱的运费，应托运人要求，达成了电放货物的协议，但未能提供证据。可见，承运人及其代理人对该批货物的收货人是陈贻垛这一事实是明知的。申请复议人主张的无法查明真正的收货人的理由不能成立。综合本案证据，陈贻垛作为合法的收货人，有权提取货物。因此根据《海事诉讼特别程序法》的规定，陈贻垛要求中海集装箱运输有限公司交付货物的申请应予准许，中海集装箱运输有限公司的第一项复议理由不能成立。

对于中海集装箱运输有限公司提出的第二项复议理由：陈贻垛并未支付该批货物运费，向中海集装箱运输有限公司的代理人交付7万元运费的是托运人李伟权，而且李伟权交付的并非涉案运费。本院认为，陈贻垛所提交的广州中海物流公司的付费收据，写明收到李伟权（陈贻垛）运费7万元，因此中海集装箱运输有限公司的复议理由不能成立，原裁定应予以维持。故依照《海事诉讼特别程序法》第五十八条第一款之规定，决定如下：驳回中海集装箱运输有限公司的复议申请。

关于中海华北物流有限公司"对民事裁定书进行复议，申请撤销海事强制令"的请求，经审查，本院认为，陈贻垛提供了对该批货物享有所有权的证据，也提供了中海集装箱运输有限公司签发的"水路集装箱货物运单"复印件，该运单载明了"托运人为李伟权，收货人为陈贻垛"。陈贻垛称凭运单复印件及身份证复印件提货是其与中海华北物流有限公司之间的交易习惯，而且该批货物共38个集装箱，已经提走的16个集装箱也是凭运单复印件及身份证复印件办理的。申请复议人虽提出仅凭"水路集装箱货物运单"复印件无法确定收货人的复议理由，但作为该批货物承运人的目的港代理人，对涉案的22个集装箱运单项下的收货人是陈贻垛这一事实应是明知的。就该批货物的运输而言，运输已经完成，中海华北物流有限公司未能提供证据证明该批货物的运单非陈贻垛所提供的运单，也没有证据证明托运人在货物发运后变更了收货人。可见，陈贻垛为合法的收货人，有权提取货物，并在向本院提出申请海事强制令的同时提供了现金担保，因此根据《海事诉讼特别程序法》的规定，陈贻垛要求中海华北物流有限公司交付货物的申请应予准许，中海华北物流有限公司的第一项复议理由不能成立。

对中海华北物流有限公司提出的第二项复议理由：由于该22个集装箱货物

长期无人提货，已产生滞箱费 245 840 元和堆存费 36 348.60 元等额外费用，收货人陈贻垛应当在提取货物时予以支付。本院认为，中海华北物流有限公司的两项复议理由是自相矛盾的，第一项理由是因陈贻垛没有正本运单无法确定其收货人身份，不能向其交付货物，这说明陈贻垛主张了提货，因不符合中海华北物流有限公司凭正本运单提货的要求，无法提货。陈贻垛已提取的 16 个集装箱，也能说明陈贻垛主张了提货。中海华北物流有限公司提出长期无人提货的理由显然是不能成立的。

综上，中海华北物流有限公司的复议理由不能成立，原裁定应予以维持。故依照《海事诉讼特别程序法》第五十八条第一款之规定，决定如下：驳回中海华北物流有限公司的复议申请。

10.1 海事诉讼的概念与特点

10.1.1 海事诉讼的概念

海事诉讼指法院在双方当事人和其他诉讼参与人的参加下，依法审理和裁判海事争议的具体程序。2000 年 7 月 1 日生效的《海事诉讼特别程序法》第四条规定："海事法院受理当事人因海事侵权纠纷、海商合同纠纷以及法律规定的其他海事纠纷提起的诉讼。"

2001 年 9 月 11 日颁布的《最高人民法院关于海事法院受理案件范围的若干规定》进一步明确指出，我国海事法院受理我国法人、公民之间，我国法人、公民同外国或其他地区法人、公民之间，外国或者地区法人、公民之间的下列案件：海事侵权纠纷案件、海商合同纠纷案件；海事执行案件；海事请求保全案件及其他海事海商案件。这里所说的其他海事海商案件包括海运、海上作业中重大责任事故案件；港口作业纠纷案件；共同海损案件；装卸设备、属具、集装箱灭失索赔案件；海洋开发利用纠纷案件；船舶共有人经营、分配、收益纠纷案件；船舶物权案件；海运欺诈案件；海上无主财产案件；海洋、内河主管机关的行政案件等。该规定现已被 2016 年 3 月 1 日起施行的《最高人民法院关于海事法院受理案件范围的规定》所取代。

自 2016 年 3 月 1 日起施行的《最高人民法院关于海事诉讼管辖问题的规定》《最高人民法院关于海事法院受理案件范围的规定》对管辖区域调整、海事行政案件管辖、海事海商纠纷管辖权异议案件的审理、海事法院受理案件的范围等问题做出了新的明确规定。如在海事法院受理案件的范围方面，《最高人民法院关于海事法院受理案件范围的规定》规定了海事侵权纠纷案件、海商合同纠纷案件、海洋及通海可航水域开发利用与环境保护相关纠纷案件、其他海事海商纠纷案件、海事行政案件、海事特别程序案件等共 108 类案件的受理范围，对没有包括进来的案件用"其他"来表述，如"其他海事侵权纠纷案件""与航运经纪及航运衍生品交易相关的纠纷案件"等。该规定取代了《最高人民法院关于海事法院受理案件范围的若干规定》。

《最高人民法院关于海事法院受理案件范围的若干规定》涵盖了 63 类海事案件类型；《最高人民法院关于海事法院受理案件范围的规定》将海事案件类型增加至 108 类，更加详细具体，有利于操作。新增的案件类型主要包括四类：第一类是传统航运贸易中新出现的案件，如港口货物质押监管合同纠纷案件等；第二类是海洋开发利用和海洋生态环境保护类案件，如污染海洋环境、破坏海洋生态责任纠纷案件等；第三类是《民事诉讼法》修订后和海事诉讼实践中新出现的程序性案件，如就海事纠纷申请司法确认调解协议案件等；第四类是具体细化了海事行政案件的类型。

此外，为了更好地维护我国海洋权益，中华人民共和国最高人民法院还公布了《最高人民法院关于审理发生在我国管辖海域相关案件若干问题的规定（一）》《最高人民法院关于审理发生在我国管辖海域相关案件若干问题的规定（二）》，自 2016 年 8 月 2 日起施行。《最高人民法院关于审理发生在我国管辖海域相关案件若干问题的规定（一）》对我国管辖海域进行了明确界定，我国管辖海域包括中华人民共和国内水、领海、毗连区、专属经济区、大陆架，以及中华人民共和国管辖的其他海域，并规定在我国管辖海域内，因海上航运、渔业生产及其他海上作业造成污染，破坏海洋生态环境，请求损害赔偿提起的诉讼，由管辖该海域的海事法院审理。《最高人民法院关于审理发生在我国管辖海域相关案件若干问题的规定（二）》对违反我国国（边）境管理法规，非法进入我国领海；违反保护水产资源法规，在海洋水域，在禁渔区、禁渔期或者使用禁用的工具、方法捕捞水产品等行为及"情节严重"的认定标准做出了明确规定。

习近平总书记在党的"二十大"报告中指出："公正司法是维护社会公平正义的最后一道防线。深化司法体制综合配套改革，全面准确落实司法责任制，加快建设公正高效权威的社会主义司法制度，努力让人民群众在每一个司法案件中感受到公平正义。"因此，在我国海事诉讼中，要严格公正司法，努力让人民群众在每一个海事司法案件中感受到公平正义。这是学习本章内容要掌握的重点。

10.1.2　海事诉讼的特点

与一般民事诉讼相比，海事诉讼具有以下特点：

（1）海事诉讼具有较强的涉外性、国际性。2012 年 12 月通过的《最高人民法院关于适用〈中华人民共和国涉外民事关系法律适用法〉若干问题的解释（一）》对涉外性做出了明确规定。如当事人一方或双方是外国公民、外国法人或者其他组织、无国籍人；当事人一方或双方的经常居所地在中华人民共和国领域外；标的物在中华人民共和国领域外；产生、变更或者消灭民事关系的法律事实发生在中华人民共和国领域外等，均可认定为涉外民事关系。海事诉讼中涉外民事关系的认定，也可采用上述标准。

（2）海事诉讼具有对人诉讼、对物诉讼性。通常情况下，对人诉讼是诉讼的常例。但在英国，既存在对人诉讼，也存在对物诉讼。对物诉讼指以物为诉讼标的进行的诉讼，如对船诉讼、船舶扣押等具有对物诉讼的特征。

（3）海事诉讼规则具有特殊性。如《海事诉讼特别程序法》为保障《海商法》的实施，就在第九章专门规定了设立海事赔偿责任限制基金的程序，这是一般的民事诉讼所没有的。

（4）《海事诉讼特别程序法》具有特别法的属性。《海事诉讼特别程序法》属于特别法，是优先适用的；《民事诉讼法》是一般法，是补充适用的。在《海事诉讼特别程序法》没有规定的时候，可以补充适用《民事诉讼法》的规定。从实施时间上看，《海事诉讼特别程序法》自2000年7月1日起施行，是旧的规定；新修正的《民事诉讼法》于2023年9月1日通过，自2024年1月1日起施行，是新的规定。如果特别法与一般法产生矛盾，2015年新修正的《中华人民共和国立法法》第九十四条规定：当法律之间对同一事项的新的一般规定与旧的特别规定不一致，不能确定如何适用时，由全国人大常委会裁决。

根据我国法律的规定，海事诉讼的程序包括起诉、立案、开庭审理、执行等步骤。开庭审理是中心环节，在司法实践中，海事诉讼的开庭审理过程包括五大步骤（如图10-1所示）。

在各国的司法实践中，解决海事纠纷的方式一般包括司法诉讼、海事仲裁等。我国自2024年1月1日起施行的新修订的《民事诉讼法》也在第二十六章专门规定了仲裁问题，包括仲裁协议、仲裁条款、仲裁中的保全、仲裁的执行与不予执行、不予执行的后果等。如《民事诉讼法》第二百九十二条规定："仲裁裁决被人民法院裁定不予执行的，当事人可以根据双方达成的书面仲裁协议重新申请仲裁，也可以向人民法院起诉。"自2018年1月1日起施行的新修订的《中华人民共和国仲裁法》（以下简称《仲裁法》）第六十五条也对海事仲裁做出了规定："涉外经济贸易、运输和海事中发生的纠纷的仲裁，适用本章规定。本章没有规定的，适用本法其他有关规定。"

2014年11月4日修订通过、自2015年1月1日起施行的《中国国际经济贸易仲裁委员会仲裁规则》，2018年7月28日审议通过、自2018年10月1日起施行的《上

```
┌─────────────────────┐
│  第一步：庭审准备     │
└─────────────────────┘
          ↓
┌─────────────────────┐
│  第二步：宣布开庭     │
└─────────────────────┘
          ↓
┌─────────────────────┐
│  第三步：法庭调查     │ ←──┐
└─────────────────────┘    │
          ↓                │
┌─────────────────────┐    │
│  第四步：法庭辩论     │ ──┘
└─────────────────────┘
          ↓
┌─────────────────────┐
│  第五步：评议与宣判   │
└─────────────────────┘
```

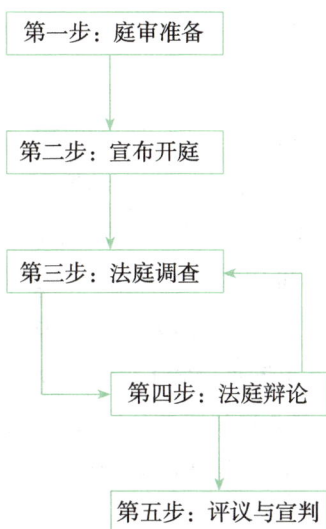

图 10-1　海事诉讼的开庭审理过程

海仲裁委员会仲裁规则》，自 2020 年 3 月 1 日起施行的《银川仲裁委员会仲裁规则》，自 2020 年 7 月 1 日起施行的《杭州仲裁委员会仲裁规则（2020 版）》，自 2020 年 9 月 1 日起施行的《济南仲裁委员会仲裁规则（2020 版）》等均详细规定了仲裁相关问题。从国外来看，也有仲裁规则的相关规定，如新加坡国际仲裁中心 2016 年发布了新版《仲裁规则》，自 2016 年 8 月 1 日起生效。英国发布了新版《伦敦国际仲裁院仲裁规则》，自 2020 年 10 月 1 日起生效。该规则考虑了疫情时期方式的转变，规定了虚拟审理、电子通信等内容。自 2020 年 1 月 1 日起施行的《中国海事仲裁委员会网上仲裁规则》规定了电子送达、网络视频庭审、电子数据的认定、电子卷宗等内容。中国国际经济贸易仲裁委员会于 2020 年 4 月 28 日发布了《关于新冠肺炎疫情期间积极稳妥推进仲裁程序指引（试行）》，规定了在线开庭等内容。

另外，在海事仲裁领域，各国还专门规定有海事仲裁规则，如我国的《中国海事仲裁委员会仲裁规则》、英国的《伦敦海事仲裁员协会仲裁规则》等。

小资料 10-1　　　　　　　　　　　国际海事争议的解决方式

在实践中，国际海事争议解决的方式主要有和解或协商、调解、海事仲裁、司法诉讼等。司法诉讼以外的争议解决方式又称"替代争议解决方式"。各国"替代争议解决方式"主要包括和解、协商、调解、海事仲裁、无约束力仲裁、调解仲裁、小型审判、借用法官、私人法官、附属法院的仲裁、简易陪审团审判等。

10.2　海事诉讼的管辖

　　管辖是指司法机关受理案件范围上的分工。海事诉讼管辖指案件在主管海事的法院之间、海事法院与地方各级人民法院之间及海事法院与上级人民法院之间的分工。除依据《民事诉讼法》外，我国还出台了专门的海事诉讼管辖的法律规范及相应的规定。如最高人民法院在1984年和1989年就海事法院受案范围做出的具体规定；最高人民法院于2016年3月1日起施行《最高人民法院关于海事法院受理案件范围的规定》，该规定对海事法院的受案范围重新做了调整，分为六大类108种案件；2003年8月，最高人民法院发布了《最高人民法院办公厅关于海事行政案件管辖问题的通知》。以上的法律规范及相应规定使我国在解决海事诉讼的管辖方面更加有法可依。

10.2.1　海事诉讼管辖的分类

1）海事诉讼级别管辖

　　海事诉讼级别管辖，指海事法院与上级人民法院之间受理第一审海事案件的分工。与我国一般民事案件的"四级两审终审制"不同，我国海事案件的审级为"三级两审终审制"。根据海事案件的性质、标的，为方便当事人诉讼和解决海事纠纷，各海事法院陆续在沿海各大港口设立了派出机构，即派出法庭，派出法庭的判决即海事法院的判决（如图10-2所示）。

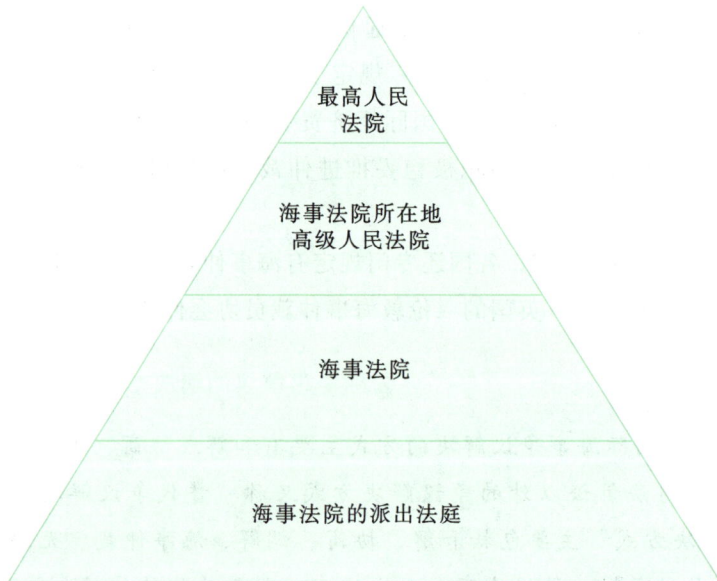

图 10-2　我国海事案件的审判组织及分级

2）海事诉讼地域管辖

海事诉讼地域管辖，指各海事法院之间受理第一审海事案件的分工。它解决的是各海事法院之间受理第一审海事案件的横向分工问题。海事诉讼地域管辖可以分为普通地域管辖和特殊地域管辖，也可以分为因海事合同纠纷产生的地域管辖、因海事侵权产生的地域管辖及其他原因确定的地域管辖等。

目前，我国各海事法院的管辖区域不是完全按行政区域标准确定的，而是以案件事实与海域的关系来确定的，全国共有10个海事法院的管辖区域（见表10-1）。

表10-1　　　　　　　　　《海事诉讼特别程序法》中管辖区域的规定

法院	管辖区域
海口海事法院	海南省所属港口和水域以及西沙、中沙、南沙、黄岩岛等岛屿和水域
北海海事法院	东至北部湾英罗湾河道中心线，西至与越南交界处的延伸海域及岛屿和北海、防城港、钦州等主要港口
广州海事法院	西至北部湾英罗湾河道中心线，东至广东省与福建省交界处的延伸海域和珠江口至广州港一段水域，其中包括南澳岛及其他海上岛屿和湛江、黄埔、广州、深圳、汕头、惠州等主要港口
厦门海事法院	南至福建省与广东省的交界处，北至福建省与浙江省交界处的延伸海域，其中包括东海南部、中国台湾、海上岛屿和福建省所属港口
宁波海事法院	浙江省所属港口和水域，包括所辖岛屿、所属港口和通航的内河水域
上海海事法院	南至上海市与浙江省交界处，北至江苏省与山东省交界处的延伸海域，长江口至江苏浏河口一段水域，其中包括东海北部、黄海南部和上海、连云港等主要港口
武汉海事法院	自四川兰家沱至江苏浏河口的长江干线，包括重庆、涪陵、万县、宜昌、枝江、沙市、城陵矶、武汉、黄石、九江、安庆、铜陵、芜湖、马鞍山、南京、镇江、江阴、张家港、南通等主要港口
青岛海事法院	南至山东省与江苏省的交界处，北至山东省与辽宁省交界处的延伸海域，其中包括黄海一部分、渤海一部分、海上岛屿和石臼所、青岛、威海、烟台等主要港口
天津海事法院	南至河北省与山东省的交界处，北至河北省与辽宁省交界处的延伸海域，其中包括黄海一部分、渤海一部分、海上岛屿和天津、秦皇岛等主要港口
大连海事法院	南至辽宁省与河北省交界处，东至鸭绿江口的延伸海域和鸭绿江水域，其中包括黄海一部分、渤海一部分、海上岛屿和大连、营口等主要港口

3）海事诉讼专属管辖

海事诉讼专属管辖，指法律强制性规定的管辖，当事人不能排除该管辖权。《海事诉讼特别程序法》规定，下列海事诉讼，由本条规定的海事法院专属管辖：

（1）因沿海港口作业纠纷提起的诉讼，由港口所在地海事法院管辖。

（2）因船舶排放、泄漏、倾倒油类或者其他有害物质，海上生产、作业或者拆船、修船作业造成海域污染损害提起的诉讼，由污染发生地、损害结果地或者采取预防污染措施地海事法院管辖。

（3）因在中华人民共和国领域和有管辖权的海域履行海洋勘探开发合同产生纠纷提起的诉讼，由合同履行地海事法院管辖。

4）海事诉讼协议管辖

海事诉讼协议管辖，指当事人选择的法院管辖。

5）海事诉讼裁定管辖

海事诉讼裁定管辖，指上级法院以裁定的形式确定的法院管辖。

值得注意的是，确定管辖还应遵守时效的规定。海事诉讼时效是海事请求人在法定期间内不行使诉讼的权利即丧失诉讼权的一种法律制度。我国法律对海事诉讼时效有明确的规定（见表10-2）。

表10-2　　　　　　　　　　　我国法律对海事诉讼时效的规定

名称	时效（年）	开始时间
海上货物运输合同	1	自承运人交付或者应当交付货物之日起计算；在时效期间内或者时效期间届满后，被认定为负有责任的人向第三人提起追偿请求的，时效期间为90日，自追偿请求人解决原赔偿请求之日起或者收到受理对其本人提起诉讼的法院的起诉状副本之日起计算
航次租船合同	2	自知道或者应当知道权利被侵害之日起计算
旅客运输合同	2	依照下列规定计算：（一）有关旅客人身伤害的请求权，自旅客离船或者应当离船之日起计算。（二）有关旅客死亡的请求权，发生在运送期间的，自旅客应当离船之日起计算；因运送期间内的伤害而导致旅客离船后死亡的，自旅客死亡之日起计算，但是此期限自离船之日起不得超过3年。（三）有关行李灭失或者损坏的请求权，自旅客离船或者应当离船之日起计算
船舶租用合同	2	自知道或者应当知道权利被侵害之日起计算
海上拖航合同	1	自知道或者应当知道权利被侵害之日起计算
船舶碰撞	2	自碰撞事故发生之日起计算；我国《海商法》第一百六十九条第三款规定的追偿请求权的时效期间为一年，自当事人连带支付损害赔偿之日起计算（第一百六十九条第三款：互有过失的船舶，对造成的第三人的人身伤亡，负连带赔偿责任。一船连带支付的赔偿超过本条第一款规定的比例的，有权向其他有过失的船舶追偿）
海难救助	2	自救助作业终止之日起计算
共同海损分摊	1	自理算结束之日起计算
海上保险合同	2	自保险事故发生之日起计算
船舶油污损害赔偿	3	自损害发生之日起计算；但是，在任何情况下时效期间都不得超过自造成损害的事故发生之日起6年
时效中止	在时效期间的最后6个月内	因不可抗力或者其他障碍不能行使请求权的，时效中止。自中止时效的原因消除之日起，时效期间继续计算
时效中断	时效期间重新计算	时效因请求人提起诉讼、提交仲裁或者被请求人同意履行义务而中断。但是，请求人撤回起诉、撤回仲裁或者起诉被裁定驳回的，时效不中断。请求人申请扣船的，时效自申请扣船之日起中断。自中断时起，时效期间重新计算

10.2.2　海事法院的受案范围

根据 2016 年施行的《最高人民法院关于海事法院受理案件范围的规定》，海事案件共分为以下几大类：海事侵权纠纷案件、海商合同纠纷案件、海洋及通海可航水域开发利用与环境保护相关纠纷案件、其他海事海商纠纷案件、海事行政案件、海事特别程序案件、其他案件。此外，最高人民法院还发布了《最高人民法院关于审理发生在我国管辖海域相关案件若干问题的规定》等司法解释。

最高人民法院在其颁布的新修订的《民事案件案由规定》的第七部分"海事海商纠纷"中进一步细化了海事海商纠纷的案由。其规定的海事海商纠纷案由包括：船舶碰撞损害赔偿纠纷，船舶触碰损害赔偿纠纷，船舶损坏（空中或水下设施）损害赔偿纠纷，船舶污染损害赔偿纠纷，海上、通海水域污染损害赔偿纠纷，养殖损害赔偿纠纷等。

在以上海事法院受案范围内的案件中，既包括国内案件，也包括涉外案件。如果涉外案件在我国审理，程序法都适用我国法律的规定；实体法方面，涉外案件必须按照海事冲突规范的规定进行法律选择和法律适用，最后适用的法律可能是我国国内法，也可能是某一外国法，还可能是国际公约、国际惯例等。国内案件在我国审理，则均适用我国法律，如 2020 年通过的《中华人民共和国民法典》第十二条规定："中华人民共和国领域内的民事活动，适用中华人民共和国法律。法律另有规定的，依照其规定。"此外，该法典还规定，法律没有规定的，可以适用习惯，但不能违背公序良俗。

各国海事法律规定内容的冲突，根源在于其背后的文化冲突。事实上，法律本身也可以被看作文化的一部分，法律冲突就是文化冲突。因此，在各种文化冲突存在的情况下，海事法律冲突也会一直存在，仍然需要海事冲突规范才能加以解决。

海事冲突规范，即指明不同性质的涉外海事关系应该适用何种法律的规范。为了解决海事法律领域的法律冲突，我国也形成了许多海事冲突规范，这些规范为解决海事冲突打下了良好的基础。关于这些内容，《海商法》都有明确的规定（见表 10-3）。

2018 年《海商法（修订征求意见稿）》在合同上引入了特征性履行原则，在侵权方面引入了意思自治原则等，补充了一些海事冲突规范的规定。

表 10-3　　　　　　　　　我国处理海事案件适用法律的规定

国际条约	《海商法》第二百六十八条第一款：中华人民共和国缔结或者参加的国际条约同本法有不同规定的，适用国际条约的规定；但是，中华人民共和国声明保留的条款除外
国际惯例	《海商法》第二百六十八条第二款：中华人民共和国法律和中华人民共和国缔结或者参加的国际条约没有规定的，可以适用国际惯例
船旗国法	《海商法》第二百七十条：船舶所有权的取得、转让和消灭，适用船旗国法律。《海商法》第二百七十一条：船舶抵押权适用船旗国法律。船舶在光船租赁以前或光船租赁期间，设立船舶抵押权的，适用原船舶登记国的法律。《海商法》第二百七十三条第三款：同一国籍的船舶，不论碰撞发生于何地，碰撞船舶之间的损害赔偿适用船旗国法律
法院地法	《海商法》第二百七十二条：船舶优先权，适用受理案件的法院所在地法律。《海商法》第二百七十三条第二款：船舶在公海上发生碰撞的损害赔偿，适用受理案件的法院所在地法律。《海商法》第二百七十五条：海事赔偿责任限制，适用受理案件的法院所在地法律
侵权行为地法	《海商法》第二百七十三条第一款：船舶碰撞的损害赔偿，适用侵权行为地法律
理算地法	《海商法》第二百七十四条：共同海损理算，适用理算地法律
意思自治与最密切联系原则	《海商法》第二百六十九条：合同当事人可以选择适用的法律，法律另有规定的除外。合同当事人没有选择的，适用与合同有最密切联系的国家的法律

10.3　海事诉讼审判程序

关于海事诉讼审判程序，《海事诉讼特别程序法》第八章"审判程序"共分四节，分别对船舶碰撞案件、共同海损案件、海上保险人行使代位请求赔偿权案件、简易程序、督促程序和公示催告程序做出了规定。对于《海事诉讼特别程序法》没有特别规定的海事案件的审判程序，仍然适用《民事诉讼法》的规定。[①]

在诉讼开始前，海事法院可以应请求人的申请，对被请求人的特定财产采取海事请求保全的强制措施。值得注意的是，海事请求保全与一般诉讼保全有明显的区别（见表10-4）。

---

① 屈广清. 海事诉讼与海事仲裁法 [M]. 北京：法律出版社，2007.

表 10-4　　　　　　　　　　　海事请求保全与一般诉讼保全的区别

名称	海事请求保全	一般诉讼保全
含义	海事法院根据海事请求人的申请，对被请求人的特定财产所采取的强制措施	法院对被请求人的财产所采取的强制措施
目的	通过扣船来实现将来的执行	保证诉讼及执行的进行
申请时间	一般在诉讼前，申请后也不一定提起诉讼	受案后至判决前
管辖	可以在适当的地方扣船及诉讼	受案法院管辖

10.3.1　简易审判程序

《海事诉讼特别程序法》第九十八条规定，简易审判程序仅适用于审理事实清楚、权利义务关系明确、争议不大的简单的海事案件。根据该规定可知，简易审判程序，是指海事法院审理事实清楚、权利义务关系明确、争议不大的简单案件所适用的审判程序。《海事诉讼特别程序法》及其他法律对海事简易审判程序有明确具体的规定（见表 10-5）。

表 10-5　　　　　　　　　　　我国简易审判程序的规定

起诉方式	适用简易审判程序的案件，可以采用口头方式起诉
受理案件的程序	受理案件的程序简便
传唤当事人和通知其他诉讼参与人的方式简便	以简便的方式随时传唤当事人和通知其他诉讼参与人，既可以口头传唤和通知，也可以采取捎口信、电话、传真、电子邮件等简便方式
实行独任制审判	不需要组成合议庭
开庭审理的程序	开庭审理的程序简便，可以灵活进行
举证期限和审结案件的期限	法院适用简易审判程序审理案件，应当自立案之日起 3 个月内审结，不得延长

10.3.2　船舶碰撞诉讼审判程序

船舶碰撞诉讼审判程序是指海事法院审理船舶碰撞案件所必须适用的程序规定。《海事诉讼特别程序法》及其他法律对船舶碰撞案件的审判程序有特别的规定（见表 10-6）。

表10-6 船舶碰撞案件的审判程序

填写"海事事故调查表" 《海事诉讼特别程序法》第八十二条规定，原告在起诉时、被告在答辩时，应当如实填写"海事事故调查表"
起诉状、答辩状的送达 《海事诉讼特别程序法》第八十三条规定，海事法院向当事人送达起诉状或者答辩状时，不附送有关证据材料
举证规则的规定 《海事诉讼特别程序法》第八十五条规定，当事人不能推翻其在"海事事故调查表"中的陈述和已经完成的举证，但有新的证据，并有充分的理由说明该证据不能在举证期间内提交的除外
关于船舶检验、估价的规定 《海事诉讼特别程序法》第八十六条规定，船舶检验、估价应当由国家授权或者其他具有专业资格的机构或者个人承担。非经国家授权或者未取得专业资格的机构或者个人所做的检验或者估价结论不具有法律效力，不能作为证据被海事法院采信
关于审限的规定 《海事诉讼特别程序法》第八十七条规定，海事法院审理船舶碰撞案件，应当在立案后一年内审结。有特殊情况需要延长的，由受诉法院的院长批准

10.3.3 共同海损诉讼审判程序

共同海损诉讼审判程序指海事法院审判共同海损案件所必须适用的程序规定。《海事诉讼特别程序法》及其他法律对共同海损案件的审判程序有特别的规定（见表10-7）。

表10-7 审理共同海损案件的审判程序

共同海损的起诉 发生共同海损后，利害关系人可以将已经进行理算或者尚未进行理算的纠纷向海事法院提起诉讼。将尚未进行理算的纠纷提交法院的情形包括以下两种：（1）各方利害关系人未能就共同海损理算机构或者海损理算规则的选择达成协议；（2）利害关系人在是否构成共同海损及责任分摊方面存在争议，难以达成合意提供担保
共同海损理算报告 《海事诉讼特别程序法》第八十九条规定，理算机构做出的共同海损理算报告，当事人没有提出异议的，可以作为分摊责任的依据；当事人提出异议的，由海事法院决定是否采纳。根据该规定，如果认为某项异议成立，需要变更理算结果，海事法院可以自行变更或者交由理算机构变更
合并审理问题 共同海损案件与同一事故的其他案件之间具有相对的独立性，利害关系人可以提起共同海损诉讼、非共同海损诉讼和共同海损追偿诉讼。海事法院受理案件后，可以进行合并审理
共同海损案件的审限 《海事诉讼特别程序法》第九十二条规定，共同海损案件的审限为1年，自立案之日起算。这一规定并没有区分案件是否具有涉外因素，有特殊情况需要延长的，由受案法院的院长批准 通常认为共同海损案件的1年审限不包括共同海损理算期间在内

10.3.4　保险人的代位求偿权诉讼审判程序

保险人的代位求偿权诉讼审判程序指海事法院审判保险人的代位求偿权案件所必须适用的程序规定。《海事诉讼特别程序法》及其他法律对保险人的代位求偿权案件的审判程序有特别的规定（见表10-8）。

表 10-8　　　　　　　　　　　保险人的代位求偿权案件的审判程序

海上保险人行使代位求偿权的方式	《海事诉讼特别程序法》第九十四条、第九十五条规定了海上保险人行使代位求偿权的三种方式：（1）海上保险人提起代位求偿诉讼。（2）海上保险人得以向法院提出变更当事人的请求，以自己的名义行使代位求偿权。《海事诉讼特别程序法》第九十五条第一款规定，保险人行使代位请求赔偿权利时，被保险人已经向造成保险事故的第三人提起诉讼的，保险人可以向受理该案的法院提出变更当事人的请求，代位行使被保险人对第三人请求赔偿的权利。（3）海上保险人得以作为共同原告向第三人请求赔偿。《海事诉讼特别程序法》第九十五条第二款规定，被保险人取得的保险赔偿不能弥补第三人造成的全部损失的，保险人和被保险人可以作为共同原告向第三人请求赔偿
提起代位求偿权的文件及权属转让书	海上保险人提起代位求偿诉讼的文件 《海事诉讼特别程序法》第九十六条规定，保险人依照本法第九十四条、第九十五条的规定提起诉讼或者申请参加诉讼的，应当向受理该案的海事法院提交保险人支付保险赔偿的凭证，以及参加诉讼应当提交的其他文件 《海商法》《保险法》《海事诉讼特别程序法》均未将保险人取得被保险人出具的权益转让书作为保险人取得代位求偿权的必要提交文件。海上保险人为了求偿权的实现，一般会在做出赔付后要求被保险人出具权益转让书，以证明在相关案件中取得了代位求偿权
关于船舶油污损害赔偿的相关当事方的诉讼地位	《海事诉讼特别程序法》第九十七条规定，对船舶造成油污损害的赔偿请求，受损害人可以向造成油污损害的船舶所有人提出，也可以直接向承担船舶所有人油污损害责任的保险人或者提供财务保证的其他人提出。油污损害责任的保险人或者提供财务保证的其他人被起诉的，有权要求造成油污损害的船舶所有人参加诉讼

10.3.5　督促程序

根据《海事诉讼特别程序法》第九十九条的规定，督促程序是指海事法院根据债权人要求债务人给付一定金钱或者有价证券的海事请求，以支付令的形式，催促债务人限期履行义务的特殊程序。《海事诉讼特别程序法》及其他法律对督促程序有特别的规定（见表10-9）。

表 10-9   督促程序

性质	一种非诉程序
审判形式	独任制
申请支付令	债权人向海事法院申请支付令以启动督促程序
处理	申请成立的,自受理之日起 15 日内向债务人发出支付令;申请不成立的,裁定予以驳回

10.3.6　公示催告程序

公示催告程序指海事法院根据提单等的持有人因凭证失控或者灭失而以公示的方式催告利害关系人在一定期限内申报权利,否则海事法院根据申请人的申请做出除权判决的程序。《海事诉讼特别程序法》第一百条特别规定了提货凭证的公示催告程序,规定"提单等提货凭证持有人,因提货凭证失控或者灭失,可以向货物所在地海事法院申请公示催告"。关于公示催告案件的审理程序,《海事诉讼特别程序法》及其他法律有明确的规定。

10.3.7　船舶优先权催告程序

船舶优先权催告,是指船舶转让时,受让人向海事法院申请催告,催促船舶优先权人及时主张权利,否则海事法院可以消灭船舶附有的船舶优先权的一种法律制度。

《海事诉讼特别程序法》第十一章对船舶优先权催告程序做了具体规定。

10.3.8　设立海事赔偿责任限制基金程序

设立海事赔偿责任限制基金程序指法律规定的海事赔偿责任限制基金设立的具体方式和步骤。根据《海事诉讼特别程序法》第九章的规定,设立海事赔偿责任限制基金程序见表 10-10。

10.3.9　审判监督程序

审判监督程序又称再审程序,是指人民法院对已经产生法律效力的判决、裁定,依法进行再次审理的程序,以保证海事司法判决的科学性、公正性。

列入再审的案件,由再审法院以裁定的形式中止原裁判的执行,并宣告案件进入再审程序。再审程序的审理应另行组成合议庭进行,再审可以撤销、改判或者维持原来的裁判。

表 10-10 设立海事赔偿责任限制基金程序

设立基金的申请	船舶所有人、承租人、经营人、救助人、保险人在发生海事事故后，依法申请责任限制的，可以向海事法院申请设立海事赔偿责任限制基金 船舶造成油污损害的，船舶所有人及其责任保险人或者提供财务状况保证的其他人为取得法律规定的责任限制的权利，应当向海事法院申请设立油污损害的海事赔偿责任限制基金 申请人向海事法院申请设立海事赔偿责任限制基金，应当提交书面申请。申请书中应当载明申请设立海事赔偿责任限制基金的数额、理由，以及已知的利害关系人的名称、地址和通信方式，并附有关证据
申请设立基金的管辖	当事人在起诉前申请设立海事赔偿责任限制基金的，应当向事故发生地、合同履行地或者船舶扣押地海事法院提出。在诉讼中申请设立限制基金的，应当向已受理本案诉讼的法院提出 设立海事赔偿责任限制基金，不受当事人之间关于诉讼管辖协议或者仲裁协议的约束
审查	法院对申请人的主体资格等进行审查
发出通知和发布公告	海事法院受理设立海事赔偿责任限制基金申请后，应当在7日内向已知的利害关系人发出通知，同时通过报纸或者其他新闻媒体发布公告，且需连续公告3日
利害关系人异议的提出及审查	利害关系人对申请人申请设立海事赔偿责任限制基金有异议的，应当自收到通知之日起7日内、未收到通知的自公告之日起30日内，以书面形式向海事法院提出 海事法院收到利害关系人提出的书面异议后，应当进行审查，在15日内做出裁定。异议成立的，裁定驳回申请人的申请；异议不成立的，裁定准予申请人设立海事赔偿责任限制基金 当事人对裁定不服的，可以在收到裁定书之日起7日内提起上诉。二审法院应当自收到上诉状之日起15日内做出裁定 利害关系人在规定的期间内没有提出异议的，海事法院裁定准予申请人设立海事赔偿责任限制基金
基金的设立	设立海事赔偿责任限制基金可以提供现金，也可以提供经海事法院认可的担保
设立基金的法律后果及申请设立基金错误的责任	设立海事赔偿责任限制基金以后，当事人就有关海事纠纷应当向设立海事赔偿责任限制基金的海事法院提起诉讼，但当事人之间订有诉讼管辖协议或者仲裁协议的除外 《海事诉讼特别程序法》第一百一十条规定，申请人申请设立海事赔偿责任限制基金错误的，应当赔偿利害关系人因此所遭受的损失

本章小结

对于审判海事案件，在《海事诉讼特别程序法》没有规定的时候，可以适用《民事诉讼法》规定的普通程序。

专属管辖是指根据法律的强制性规定而取得管辖权的管辖，当事人不能通过协议的方式排除该管辖权。

《海事诉讼特别程序法》规定当事人完成举证的时限为开庭审理前的一段时间，具体至何日则由受诉法院根据实际情况决定。

简易审判程序是指海事法院审理事实清楚、权利义务关系明确、争议不大的简单民事案件所适用的审判程序。

申请人向海事法院申请设立海事赔偿责任限制基金，应当提交书面申请。申请书中应当载明申请设立海事赔偿责任限制基金的数额、理由，以及已知的利害关系人的名称、地址和通信方式，并附上有关证据。

由最高人民法院、上级人民法院提审的案件，不论已经产生法律效力的原判决、裁定是一审还是二审审理终结的，再审时一律按二审进行审理，审理终结所作的判决、裁定都是终审判决、裁定，当事人不得上诉。

主要概念

海事诉讼　海事诉讼管辖　简易审判程序　督促程序　审判监督程序

基础训练

▲ 选择题

（1）海事案件的审级为（　　）。

A.四级两审终审制　　　　　　　B.四级三审终审制

C.三级三审终审制　　　　　　　D.三级两审终审制

（2）债务人自收到支付令之日起（　　）日内既不履行支付令又不提出异议的，支付令生效。

A.10　　　　　　B.15　　　　　　C.5　　　　　　D.20

（3）按照审判监督程序重新审理案件，（　　）合议庭进行审理。

A.应当另行组成　　B.可以另行组成　　C.应当由原来　　D.可以由原来

（4）海事法院受理设立海事赔偿责任限制基金申请后，应当在（　　）日内向已知的利害关系人发出通知，同时通过报纸或者其他新闻媒体发布公告，且需连续公告（　　）日。

A.7　5　　　　　B.10　5　　　　　C.7　3　　　　　D.10　3

（5）如果从发布船舶优先权催告公告后（　　　）日内不主张船舶优先权的，视为放弃船舶优先权。

A.30　　　　　　　B.45　　　　　　　C.60　　　　　　　D.90

▲ 判断题

（1）我国规定船舶碰撞案件的审限不区分是否具有涉外因素，一律为 1 年。

（　　　）

（2）法院适用简易程序审理案件，应当自立案之日起 3 个月内审结，不得延长。

（　　　）

（3）海事法院决定受理公示催告申请，应当由审判员同时以书面形式通知支付人立即支付。　　　　　　　　　　　　　　　　　　　　　　　　　　　（　　　）

（4）设立海事赔偿责任限制基金后，向基金提出请求的任何人都可以就该项索赔对由其设立或以其名义设立基金的人的任何其他财产行使任何权利。　（　　　）

（5）申请船舶优先权催告必须向转让船舶交付地或者受让人住所地海事法院提出申请。船舶实际交付地与合同中约定的交付地点不一致的，以合同中约定的地点为船舶交付地。　　　　　　　　　　　　　　　　　　　　　　　　　（　　　）

▲ 简答题

（1）简述海事诉讼的特点。

（2）简述海事法院的受案范围。

（3）简述设立海事赔偿责任限制基金的程序。

案例分析

（1）申请人：越南海防商业贸易进出口公司。

被申请人：马耳他阿法罗纳航运有限公司。

1995 年 11 月 14 日，申请人向海事法院提出扣押船舶申请，申请扣押被申请人所属的停泊于蛇口港的"科罗"轮（M/V CORAL），要求被申请人提供 1 000 000 美元的担保。申请人称：1995 年 6 月 1 日，申请人与佳华国际公司（KAI WAH INTERNATIONAL COMPANY，以下简称佳华公司）签订了编号为 74-M/HDCK 的买卖合同，约定由申请人向佳华公司购买 25 000 公吨（由卖方选择 5% 的增减）的巴西原糖，单价 CIF 海防 392.8 美元/吨，总金额 9 820 000 美元，货物交付地点为越南海防。9 月 3 日，被申请人所属的"科罗"轮抵达巴西桑托斯港，装运申请人购买的原糖。9 月 11 日，"科罗"轮开始装货，9 月 14 日装载完毕，并由 SGS 巴西公司对"科罗"轮的 7 个货舱进行了签封。同日，"科罗"轮船长签发了编号为 1~7 号的7套正本提单。提单上均载明：货物为透明散装原糖，装货港巴西桑托斯港，卸货港越南海防港，承运船"科罗"轮，收货人凭指示，通知方为申请人，"清洁装船，运费已预付"。7套提单记载的货物总重量为22 800吨。10月23日，申请人、被申请人经口头协商，同意将卸货港改为中国蛇口。11月10日，"科罗"轮抵达中国蛇口港并开始卸货。卸货前，经检查，发现该轮7个货舱签封完好。同日，受申请人委托进行灌包作业的蛇口招商港务股份有限公司函告申请人："在作业过程中，发现货物含有很多块状杂质和其他杂质。"

申请人认为：申请人作为"科罗"轮所载货物的收货人及提单持有人，具有据以申请扣押船舶的海事请求权，为保全海事请求权，特申请扣押"科罗"轮。

资料来源　佚名. 诉讼前扣押CORAL轮案［EB/OL］. ［2021-02-02］. https://www.66law.cn/laws/67250.aspx.

（2）2000年10月24日晚，某公司所属的"新发"轮在驶往天津港的航行途中，碰撞到天津海事局天津航标处管理的大沽灯塔，造成大沽灯塔严重损害。天津海事局天津航标处于2000年11月8日诉至法院，要求该公司承担损害赔偿责任。2002年9月24日，天津海事法院做出判决，由被告"新发"轮所属某公司给付原告灯塔损坏修复款及其他经济损失、案件受理费、鉴定费等共计人民币6 386 013.68元。

该判决生效后，由于被告所属公司未按规定履行给付义务，天津海事局天津航标处于2002年11月26日向法院申请强制执行。经调查，被执行人为新加坡公司，在中国境内无财产可供执行。

资料来源　佚名. 大沽灯塔案进入执行程序［EB/OL］. ［2020-01-04］. https://haishang.lawtime.cn/swhs/20090422922.html.

问题：（1）案例（1）中，申请人的申请是否符合法律规定？

（2）在案例（2）中的这种情况下，应该如何处理执行中的问题？

实践训练

实训项目一：组织模拟法庭提高海事审判能力的训练。

具体组织与要求：请根据下面提供的案例材料，组织模拟法庭审判。

在光船租赁合同纠纷案中，承租双方通常会出现船舶修理费用和欠付租金纠纷，而老龄船光租过程中的法律问题更为复杂。例如，作为合同标的物的船舶的船龄被擅改，光租合同是继续有效还是应当解除，如何适用法律，对约定租金如何处理？又如，在合同履行期间老龄船被强制报废，光租市场变化又较大，租金及船舶使用费标准应如何确定等。

光船租赁合同纠纷案[①]

原告（反诉被告）：中国石油化工股份有限公司上海石油运输分公司

被告（反诉原告）：上海申联船务有限公司

1999 年 6 月 10 日，中国石油化工股份有限公司上海石油运输分公司（以下简称石油化工）作为承租人，上海申联船务有限公司（以下简称申联船务）作为出租人，就租赁"申联油 1 号"轮订立光船租赁合同，约定月租金人民币 225 000 元；起租前为满足租赁要求进行船舶修理的费用，由申联船务承担，申联船务确认后由石油化工垫支，分两年从租金中逐月平均扣还，扣完为止；申联船务未按合同约定保证船舶适航和适用于合同约定的用途，石油化工有权解除合同。合同签订时申联船务提供的船舶国籍证书、船舶检验证书等船舶资料显示，"申联油 1 号"轮的建造完工日期是 1981 年。

"申联油 1 号"轮租赁前产生的总修理费用为人民币 142 万元，对此，石油化工与申联船务签订了光船租赁合同和备忘录，约定修船款由申联船务承担。石油化工还为"申联油 1 号"轮上的原船员发放了申联船务所欠工资，垫付了舱容检测等费用。在合同履行期间，因申联船务于租赁前与他人的经济纠纷，上海海事法院依法对"申联油 1 号"轮实施扣押，导致石油化工租期损失和船舶日常维持费用等损失。上海海事局通知要求船舶整改，包括"船舶建造日期有疑问；国籍证书过期；最低安全配员证书过期"等数十个项目。其后，石油化工致函申联船务，要求解除合同。据中国船级社"申联油 1 号"轮船龄调查报告，该轮实际建造时间为 1968 年，石油化工为此垫付了船龄鉴定费用。船舶被责令停航后，"申联油 1 号"轮各项维持费用亦由石油化工实际支付。后该轮被宁波海事法院依法拍卖。在本案审理过程中，石油化工表示：在无义务的情况下，自愿按照每月人民币 130 645.16 元的标准给予申联船务补偿。

上海海事法院经审理认为，申联船务提供了一条与合同约定不符的船舶，并导致石油化工的损失，申联船务应当承担违约责任。石油化工以重大误解请求认定涉案合同无效或者撤销涉案合同，缺乏法律依据。船舶被限制航行，并被法院依法拍卖，石油化工与申联船务之间的光船租赁合同客观上已无法履行，故对申联船务解除合同的反诉请求予以支持。

石油化工实际使用船舶 20 个月 21 天 17 小时。但根据《老旧运输船舶管理规定》，"申联油 1 号"轮已属于应当被强制报废的船舶，故从该规定实施之日起该轮不应再从事营运，申联船务也不应再收取租金，即申联船务可收取租金的租期应依

---

　　① ［1］上海海事法院民事判决书〔2002〕沪海法商重字第 3 号。［2］佚名. 老龄船光租过程中的法律问题分析［EB/OL］.［2018-04-26］. http://www.maxlaw.cn/1/20180426/912558591348.shtml.

《老旧运输船舶管理规定》确定。关于月租金标准，参照1968年建造的同类型船的光租市场租金在每日人民币3 000～5 500元的标准，以每日5 500元计算申联船务的租金收入。此后该轮仍被石油化工实际使用，石油化工表示按照每月130 645.16元的标准补偿，可以支持。申联船务应支付石油化工垫付的修船款、舱容检测费、工资借款、船舶安全维持费，并应赔偿因其自身原因致船舶被扣给石油化工造成的损失。申联船务要求石油化工承担违约金，以及承担恢复"申联油1号"轮原状的142万元修理费的反诉请求，缺乏依据，故不予支持。上海海事法院据此做出了一审判决。申联船务不服一审判决，提起上诉。

请模拟上诉法院进行审判，同学们根据自己的观点主张担任不同的角色，争取取得对己方有利的结果。（说明：该案发生时，《民法通则》、《合同法》及其解释均在生效期，它们是处理该案的法律依据。同学们在模拟审判的时候，也可以换一种方式，即如果不采用《民法通则》、《合同法》及其解释的规定，而是采用现行的《民法典》的规定，是否会产生一样的效果，以加深对法律的理解）

考核标准：根据过程和结果进行综合评定。

参考意见：

（1）我国民法通则和合同法对可撤销民事行为的规定，根据《最高人民法院关于贯彻执行〈中华人民共和国民法通则〉若干问题的意见（试行）》（以下简称《贯彻意见》）第七十三条第二款的规定，因重大误解的可变更或者可撤销的民事行为，自行为成立时起超过一年当事人才请求变更或撤销的，人民法院不予保护。《合同法》第五十五条第（一）项规定，具有撤销权的当事人自知道或者应当知道撤销事由之日起一年内没有行使撤销权的，撤销权消灭。石油化工认为其2001年5月才隐约得知涉案船舶的船龄与船舶国籍证书所载不符，石油化工依法享有的撤销权并未消灭。《最高人民法院关于适用〈中华人民共和国合同法〉若干问题的解释（一）》第一条规定，合同法实施以前成立的合同发生纠纷起诉到人民法院的，除本解释另有规定的以外，适用当时的法律规定；当时没有法律规定的，可以适用合同法的规定。而涉案光船租赁合同成立于合同法实施以前，且当时民法通则就可变更、可撤销合同等民事行为有明确规定。

（2）船龄虚假、光船租赁合同是否有效、是否构成重大误解问题。关于涉案合同是否可以构成重大误解有不同的观点。一种观点认为，行为人因为对行为的性质，对方当事人，标的物的品种、质量、规格和数量等的错误认识，使行为后果与自己的意思相悖，并造成较大损失的，可以认定为重大误解。本案中，船舶建造日期直接关系到承租人是否做出订立租赁合同的意思表示。如果缔约之初石油化工已知晓真实船龄，其不可能做出如租约内容的意思表示。同时，船龄差异的直接后果是降低了承租人石油化工对涉案船舶的使用效率，并承担了较高的租金支付义务，增加了油料及维护、保养费用等开支。两者的差异正是石油化工遭受的经济损失。合同继续履行则损失进一步扩大的结果是必然的。故石油化工向申联船务租赁涉案船舶，显然对合同标的物的质量存在重大误解，符合《贯彻意见》第七十一条关于"重大误解"的构成要件。据此，涉案光船租赁合同可以由当事人申请撤销或者变更。但其未及时行使申请变更或者撤销的权利，法律规定行使撤销权一年的除斥期间已过，导致其丧失了申请撤销的权利。石油化工和申联船务仍应按照光船租赁合同的约定行使合同权利，履行合同义务。另一种观点认为，构成法律上的误解必须是表意人的不知或者误认系自己的原因所致，最终导致表意行为与效果不一致。虽然石油化工对船龄存在认识上的误解是客观事实，但其表意行为并无错误，对船龄的不知或者误认系因申联船务提供的证书有误导致，显然，这不符合重大误解的构成要件。石油化工以重大误解为由请求变更或者撤销涉案合同，缺乏法律依据，不应支持。申联船务作为提供标的物的一方当事人应当根据合同的约定全面适当地履行合同内容。在合同履行过程中，申联船务提供了一条与合同约定不符的船舶，并确实导致了石油化工的损失，申联船务应当承担赔偿责任。

（3）老龄船光租合同是否可解除问题。通常情况下，只要老龄船仍有使用价值，符合当事人订立合同的本意，并符合相关法律、法规的规定，应当认定合同对双方当事人仍然有效。但本案中，由于"申联油1号"轮作为有31年船龄的老旧船，自2001年4月30日起已经被限制航行，石油化工与申联船务之间的光船租赁合同客观上已无法履行，事实上不能实现合同目的，已经符合法律所规定的解除条件，涉案合同应当解除。

（4）合同履行（实际租赁期间和租金标准的确定）和相关责任承担问题。关于合同的实际履行期间，石油化工实际使用船舶20个月21天17小时。但根据《老旧运输船舶管理规定》，申联船务可收取租金的租期为20个月17小时。对此后船舶被石油化工实际使用，石油化工自愿按照一定的标准予以补偿，不违背法律规定。申联船务可以收取21天补偿费。关于月租金标准，原来当事人约定的租金标准因老龄船问题已经不再适用。虽然涉案船舶在起租前经过修理，但属于维持船舶能够正常营运的修理，且1968年建造的油船在1999年出租时实际已经有31年的船龄，显然不存在船舶折旧率增高、租金应当增加的问题。法院根据市场经济条件的具体情况，参照1968年建造的同类型船的光租市场租金在每天人民币3 000～5 500元的标准，以较高的标准计算申联船务的应收租金，比较合理。石油化工和申联船务在履行合同期间，又衍生出了其他相关的法律关系。其中，石油化工接受申联船务的委托，为维修"申联油1号"轮垫付了修船款并代垫舱容检测费、申联船务的借款、船舶安全维持费等，申联船务应予以归还。因申联船务原因船舶被扣导致石油化工的损失，申联船务应予以赔偿。由于涉案船龄确实不真实，石油化工诉请的船龄鉴定费用应列入其他诉讼费用，由申联船务全额负担。

（5）老龄船是否可以恢复原状的问题。关于申联船务要求石油化工承担恢复"申联油1号"轮原状修理费人民币142万元是否可以支持的问题，由于修船的目的是使船舶能够继续营运，而本案中"申联油1号"轮为1968年建造，船舶超龄，国籍证书过期，最低安全配员证书过期，实际上已经不可能营运。对强制报废的船舶进行修理只能扩大损失，且事实上涉案船舶已被依法拍卖，修理船舶并使其恢复原状已经不可能，申联船务的上述请求明显缺乏事实和法律依据。

上海市高级人民法院经审理认为，一审判决对扣船损失及申联船务可收租金、补偿费金额的计算有误，予以部分改判，判决如下：申联船务向石油化工支付修船款、借款、舱容检测费、船舶维持费用及扣船损失人民币 2 450 954.94 元；石油化工向申联船务支付租金和船舶使用补偿费人民币 817 847.44 元；对一审所作的解除石油化工与申联船务的光船租赁合同，以及对石油化工和申联船务的其他诉讼请求不予支持的判决予以维持。

实训项目二：海商诉讼及法务能力训练。

2021年3月23日，在巴拿马注册的长400米、宽59米的"长赐号"轮被卡在苏伊士运河港口以北处无法动弹。3月29日，"长赐号"轮才起浮脱浅。运河管理局提出了数亿美元的索赔。埃及伊斯梅利亚经济法院受理了该案。请同学们分别扮演法官、原告、被告的角色，模拟该案的具体处理过程。

考核标准：一是对模拟该案的过程和结果进行综合评定；二是考察对在国外进行诉讼的应对能力。

实训项目三：海商判决的执行能力训练。

具体组织与要求：以下面的海商判决的执行为例，熟悉执行的程序，提高执行能力。

申请执行人为某重工公司，被申请执行人为某海运公司，关于船舶修理合同纠纷案的判决已经生效。被申请执行人不履行义务，申请执行人申请强制执行。法院在执行过程中，通过查询银行、不动产登记中心等，发现被申请执行人没有可供执行的财产。此时如果你是法官，面对申请执行人申请的60多万元债权，应该怎么办？

考核标准：一是讨论海商案件执行中的困难与问题；二是比较国内及涉外海商裁判在执行上的异同。讨论在实践能力训练方面应如何侧重。老师根据讨论情况进行总结及评价。

主要参考文献

［1］张念宏．海商法理论与实务［M］．北京：中国法制出版社，2013．

［2］袁发强．海事诉讼法学［M］．北京：北京大学出版社，2014．

［3］司玉琢．海商法［M］．4版．北京：法律出版社，2018．

［4］任雁冰．涉海商事争议解决法律全书：规则速解与实务指引［M］．北京：法律出版社，2020．

［5］胡利玲．中国海商法律制度［M］．北京：中国民主法制出版社，2020．

［6］曾立新．海上保险学［M］．北京：对外经济贸易大学出版社，2001．

［7］韩立新．海事国际私法［M］．大连：大连海事大学出版社，2001．

［8］郭瑜．海商法教程［M］．北京：北京大学出版社，2002．

［9］李海．船舶物权之研究［M］．北京：法律出版社，2002．

［10］汪鹏南．海上保险合同法详论［M］．大连：大连海事大学出版社，2003．

［11］司玉琢．海商法学案例教程［M］．北京：知识产权出版社，2003．

［12］司玉琢．海商法专论［M］．4版．北京：中国人民大学出版社，2018．

［13］冯辉．美国海商法案例选评［M］．北京：对外经济贸易大学出版社，2003．

［14］柳经纬．海商法［M］．厦门：厦门大学出版社，2004．

［15］屈广清．海洋法［M］．北京：中国人民大学出版社，2005．

［16］屈广清．海商法［M］．北京：中国民主法制出版社，2005．

［17］赵劲松，等．海事索赔与取证［M］．大连：大连海事大学出版社，2006．

［18］张丽英．海商法学［M］．北京：高等教育出版社，2006．

［19］张湘兰．海商法学习指导［M］．武汉：武汉大学出版社，2008．

［20］LOWNDES，RUDOLF．The Law of General Average and the York-Antwerp Rules［M］．12th ed．London：Sweet & Maxwell，1997．

［21］BAUGHEN．Shipping Law［M］．2nd ed．London：Cavendish Publishing Limited，2001．